猫組長と西原理恵子の

ネコノミクス宣言

コロナ後の幸福論

まえがき

猫組長と西原理恵子の「ネコノミクス宣言」が週刊SPA!に連載され始めてから、今年で6年目となる。そしてこの度、3冊目となる単行本を出版することができた。

これもひとえに読者の皆さん、イラストを描いてくださる西原理恵子さんのおかげである。もちろん、それだけではない。扶桑社、SPA!編集部スタッフの尽力なくして、5年以上の連載も3冊目の単行本化も実現しなかった。

私たちは今、新型コロナウイルスが猛威を振るう混沌とした世界を生きている。繰り返される緊急事態宣言、長引く自粛生活、誰もが精神的に疲れ切っていることだろう。飲食業、観光業は悲鳴を上げ、中小企業はやせ細っていくばかりである。

そしてその苦境は出版業界も同じだ。販売部数の落ち込みに加え、広告収入の激減が経営を圧迫している。それでも、コミックや一般書籍などは巣ごもり需要の恩恵を受けたジャンルもあるようだ。しかし、雑誌は厳しい。昨年1年間で100誌以上が休刊に追い込まれたほどだ。

そんな出版氷河期とも言えるこの時期に、3冊目となる「ネコノミクス宣言」の出版は、まさに身の引き締まる思いである。インターネットの進化とデジタルコンテンツの台頭で、紙の本はその存在感を失いつつある。だが、私は読むのも書くのも、紙の本に拘り続けたいと考えている。

「本」が紙に印刷された「冊子」として登場するのは、15世紀になってからだ。ドイツのグーテンベルクが、自ら発明した活版印刷技術を用いて印刷した「グーテンベルク聖書」である。

人類が言語を獲得してから6万年以上の時を経て文字が発明された。やがて粘土板や動物の皮に文字で情報を記録する技術が現れる。外部メモリの始まりであった。こうして、人類は知識や事象を文字情報として共有し、次世代へ引き継ぐ術を身につけたのである。これが文明の始まりと考えていいだろう。

日本では8世紀初頭に歴史書の『古事記』、和歌集の『万葉集』などが紙の書物として編纂された。それから300年ほど後、平安時代中期の11世紀はじめ、ついに世界初の長編小説『源氏物語』が誕生したのである。

この当時はまだ印刷技術が発達しておらず『源氏物語』も手書きで複製する写本

であった。54の章で100万文字の長編小説が、手書きで複製されながら世に継がれてきたのである。

『源氏物語』が木版で広く普及を始めるのは更に600年も後、17世紀の江戸時代になってからだ。そして初出から1000年たった今なお人気は衰えていない。果たしてこれから先、1000年もの間、読み続けられる文学作品が新たに誕生するだろうか？

音楽では、ヴェートーヴェンやモーツァルトの作品も、彼らの死後200年を経ても絶えずどこかで演奏されている。そしてそれはこれからも続く。現代の楽曲が200年後に演奏されているとはとても思えない。

絵画はどうだろう。バスキアは作品が高額で取引されることで有名な近代絵画を代表するアーティストである。バスキアは伝統的価値に対抗する革新的価値の挑戦だ。それは仮想通貨が既存の通貨システムに置き換わろうとする動きと似ている。伝統と歴史で作られた普遍的価値が、革新的価値に置き換えられるのはテクノロジーだけだ。

100年後にはバスキアの作品にも100年という歴史的価値が付加されるであろう。その時には、ダヴィンチやゴッホの絵画も、それまでに育まれた普遍的価値に100年の歴史的価値が加算されることになるのだ。バスキアの作品がダヴィンチやゴッホの絵画と同等の価値を持つことなど未来永劫ないのである。それが芸術文化の歴史的、普遍的価値というものだ。

「ネコノミクス宣言」は、出版されて2、3年もすれば忘れられてしまうだろう。それでも、ウェブ上の文字列よりは長く残る。デジタルの文字列は二次元の海に沈んで消えるが、紙の本は実体として存在し続けるのだ。私はその点に、紙の本が持つ普遍的な価値と存在意義を感じるのである。

一冊の本が出版されるまでには、著者以外にも多くの人が関わっている。編集担当者はもとより、校閲やデザインを担当する人もいれば、宣伝や販売を担当する人もいる。その先には、印刷する人、輸送する人、そして店頭に並べる人もいるのだ。そしてそれを手に取る読者がいる。著者が決して忘れてはならないことだ。

それらすべての人に心から感謝の意を捧げる。

猫組長

猫組長と西原理恵子のネコノミクス宣言　コロナ後の幸福論

CONTENTS

第4章 ゴーンに学ぶマネロンのイロハ

第5章 猫組長の華麗なる生活

第1章

コロナでボロ儲けの悪い奴ら

誰もが何の疑問も持たずに、この1年あまりのパンデミック騒ぎを「コロナ禍」と呼んでいるが、誰にとっても「禍」かといえば、そんなことはない。「ようこそワザワイ！」とばかりに、たらふく私腹を肥やしたり、勢力を拡大している者たちがいることも忘れてはならない。善し悪しではなく、それが現実なのだ。私はそんな強者《つわもの》たちの生態から学ぶべきことは実に多いと思うのだ。たとえばヤクザである。彼らは昔から混乱とか危機に滅法強い。終戦直後の混沌とした時代、暴力と全国津々浦々にまで張り巡らせた独自のネットワークを背景に、いち早く闇市を立ち上げ、隆盛させたのも彼ら任侠の徒たちである。混乱の中で急降下した警察権力の間隙を突いて、食料、物資不足にあえぐ市井の人びとの救世主になると同時に、ごく短期間で膨大な利益を上げ、その後に繋がるシノギの種子を世間に植え付けることができた。

混乱は多くの「困る人」を生み出す。食うものがない人。赤子にミルクをあげられない人。防寒着がなくて凍えそうな人。膿んだ傷口に塗る薬がない人……終戦直後はそんなところだろうが、令和のパンデミックではマスクがなくて困る人が大量に生まれた。

災害や混乱が発生した途端、ヤクザたちは今後どんなことで人びとが困るか、なくてはならないものなのに不足するものは何かを独自の嗅覚で的確に掴み、圧倒的なパワーと機動力で誰よりもスピーディにそれらを手配する。暴力と現ナマの力で、どこよりも安く買い叩くことが可能だし、いざとなれば強奪という手もある。二束三文でモノを買い付け、原価の10倍、時には100倍の値で売ったとしても、困った人びとは喜々として飛びつくだろう。混乱期に強いとはこういうことだ。そんなヤクザのDNAは途切れることなく今の時代まで引き継がれている。

私がまだ組織に属していた2009年、世界的な新型インフルエンザのパンデミックが巻き起こった。このとき山口組は有無を言わさぬ圧倒的なトップダウンで、全国の傘下組織に「マスク調達」の厳命を下すと、翌日にはもう大量のマスクが各組事務所に集まりはじめ、私の属していた組事務所もわずか数日で段ボール箱の山となった。ただこれは儲けるためではなかった。ヤクザ流の人助け、いわば任侠道の一環だったのだが、私には賛同できなかった。

「こんなに買い占めて闇雲に配ってしまったら、マスクを本当に必要とする人に渡らなくなってしまいます。よく考えて配ったほうがいいのでは？」

「うるせぇ、アホ、ごちゃごちゃぬかさんで、あるだけかき集めてくればええんや！」

こんなやり取りがあったのだが、何はともあれ、ヤクザ組織が本気を出したときのスゴさに改めて感心したものである。今回のコロナ禍でもそうだが、マスクだけでなく、消毒液から防護服、ガスマスクまで、山口組は下手な商社などよりよっぽど迅速に、世界中のネットワークを使ってかき集めることができただろう。私は以前から山口組は日本有数の企業体であると評してきたが、その実力は危機的状況になればなるほど発揮されるのである。

善意の寄付用マスクの調達でさえこうなのだから、シノギが絡めばそのパワーはさらに増大する。


混乱で暗躍するのはヤクザばかりではない。この1年ちょっとの間、禍を糧に肥え太った人びとはさまざまな分野にいる。コロナ禍の日本列島は、じっと自粛生活に耐える大多数の「正しき人びと」と、混乱に乗じて一儲けをたくらむ一部の「悪辣な人びと」に分断され、欲望と嫉妬が渦巻く歪な雰囲気に覆われてしまっているようだ。正しき人びとの一部はマスク警察、自粛警察と化し、6万円の補償金をもらっている中小飲食店を「コロナバブル野郎」などと敵視する。持続化給付金の不正受給などの詐欺が横行し、それで下手を打つ奴もいるが、おいしい蜜にありつける者もいる。

これらを「不公平だ」と断罪するのはたやすい。しかし、よく考えてみてほしい。そもそもこの世界は「不公平」でできているのだ。生まれながらに裕福な人間もいれば、赤貧から始まる人生もある。健常者もいれば身体の不自由な人間もいる。だから我われは「不公平」を前提に生きなくてはならないのだ。

コロナも然り。政治家がコロナで入院すると、「一般人は自宅待機させられているのに」と怒る人がいるが、これも仕方ない。カネや権力があれば、人よりもよりよい医療を受けられるのは当然のことだ。いいか悪いかではなくて、これが現実なのである。

世界の巨大ファンド会社は、実のところ戦乱やパンデミックを心待ちにしているのだ。コロナ禍当初は株価急落を招いたが、そのとき空売りによって大儲けしたファンドはいくらでもある。ボラティリティ（価格の変動幅）は彼らにとって好機なのだ。これも現実である。

ヤクザたちは、こうした現実を肌感覚で知っているのだ。だから危機に強い。今も「コロナはただの風邪」と言って、その影響を過小評価する人びとがいるが、私はとんだバカだと思う。詳しくは後の章に譲るが、今回のコロナ禍は第二次世界大戦以降では最大の危機的状況だと私は考えている。

財政出動という覚醒剤（シャブ）が効いているうちはいいが、早晩限界がくるだろう。そうなったとき、あなたという一個人を誰が助け、守ってくれるのだろうか。幸せにしてくれるのだろうか。少なくともそれは会社でもなければ、国でもない。頼れるのはあなた自身しかいない。善悪を超えて「現実」と対峙し、どう生き抜いていくのかを必死に考える。これでしか明るい未来は掴めないのではないか。本書の内容がそのためのヒントになってくれれば幸いである。

第1章では、コロナ下でも逞しく、したたかに儲けている人や組織の事例を紹介する。新型コロナの感染者数や株価などのデータは、本文中に特に断りがない限りは、連載時のものを掲載している。当時の状況を踏まえ、コロナ狂騒を振り返ってもらいたい。

中国政府が「マスク外交」を堂々とする背景とは？

(『週刊SPA!』2020年5月5・12日号)

2020年4月のある朝、車を走らせていると人だかりが目に入った。

行列の先にはドラッグストアがある。

先頭集団はお年寄りの男女だ。**どうやら、目当てはマスクらしい。**ニュース映像では何度も見ていた光景だが、直接目にするのは初めてだった。

新型コロナウイルスの感染拡大初期にはあまりマスクに注目していなかった欧米各国でも、いまや国民に着用を奨励するようになった。そのため、世界中でマスク需要が急激に高まり供給が逼迫しているのだ。

不足しているマスクを求め、ドラッグストアに人びとが並ぶ。入荷したマスクは即売り切れである。おそらく、行列の先頭集団であるお年寄りは、マスクをストックしているのだろう。

3月初めには、トイレットペーパーが不足するというデマが流れ、人びとが買い占めに走り品不足になった。転売を目的とした買い占めまで発生して、まるでパニック状態である。

デマとわかっていても現実に品不足となれば、横目で見て笑う者より、買い占めに回る者のほうが、経済学で考えると合理的で正しい行動だ。**ゲーム理論のコーディネーション・ゲーム**（**協調ゲーム**）**の「買い占め均衡」**である。

買い占めの対象が嗜好品であれば問題はないのだが、生活必需品となれば話は別だ。特にマスクの買い占めは本来必要としている人が入手困難となってしまう。そして、その弊害は医療現場でもすでに起きているのだ。

私が通うクリニックもマスク不足で医師や看護師が苦労している。**医療従事者に新型コロナウイルス感染が広がるのは脅威でしかない。**

そこで、急遽海外から医療用マスクを取り寄せ、クリニックやリハビリ施設など、自分が通う場所へ配るようにした。
これは別に善意による行為ではなく、極めて利己的な考えからである。私が新型コロナウイルスを感染させられるのが嫌なだけだ。

過去に山口組でも勃発したマスクの買い占め騒動

ほかの病院にもマスクや消毒用アルコールを配った。これは医療従事者が弱ることで、自分自身がいざというときに困ることのないようにだ。

新型コロナウイルスに、いつ感染するかはわからない。できるだけ感染リスクを減らし、医療体制を守ることが最大の防御なのである。

感染拡大の止まらない米国では、医療用マスクなどの輸出が禁止された。戦略備蓄のマスクまで底をついたのだ。

PPE（医療防護品）の価格は、ここ最近で1000％を超えたものもある。**マスクなど医療用品は、世界中で不足する「戦略物資」となったのである。**

中国政府は、高まる中国責任論を回避する思惑と覇権拡大を目指し「マスク外交」を積極的に展開している。

フランスにはマスク10億枚の提供と引き換えに、ファーウェイ製5G設備の導入を提案したとの報道もあった。

イタリアやパキスタンなどにも医療チームの派遣や、医薬品の提供をするなど妙に活動的である。

マスク不足は09年、新型インフルエンザのパンデミックでも発生した。この時には、**山口組総本部から直系団体に対して、マスクを集めるよう指示が出された。**近所や不足している施設へ配るためだ。

山口組の機動力とネットワークはすさまじい。あっという間に日本中からマスクが集まった。中には、イスラエル製のガスマスクまであったのは笑い話だ。

山口組の行為は義侠心というヤクザの理念に基づくものである。決して私利私欲のものではない。だが、結果として必要な人が入手できなくなった可能性は否定できない。

善意が仇になることもあるという、よい教訓だろう。

重大なトラブルが発生。コロナ相場に潜む甘い罠

（『週刊SPA!』2020年5月26日号）

2019年12月31日、カルロス・ゴーン国外逃亡のニュースで騒然となった。**新型コロナウイルスによる肺炎患者が武漢市で発生したという、最初のニュースもこの日であった。**

年が明けて1月23日、感染拡大を防ぐために武漢市の空港や鉄道が閉鎖される。この日から新型コロナウイルスの報道が一気に活発化したのは周知のとおりだ。

だが、この時期はまだ、新型コロナウイルスが今ほど世界を混乱させるとは思いもよら

なかった。その後、クルーズ船のダイヤモンド・プリンセス号で新型コロナウイルスの集団感染が判明する。

このころ、武漢市の異様な光景と、横浜港に停泊したダイヤモンド・プリンセス号の報道が続き、ようやく事態の深刻さが認識されるようになったのだ。

株式市場に新型コロナウイルスの影響が及び始めたのが、2月24日である。ニューヨーク市場ではダウ平均株価が1000ドル以上急落した。

その後も2997ドルという一日としては過去最大の下げ幅を記録。悲観的な相場が続き、およそ1か月で急落前から1万ドル、率にして35%も下落したのである。

東京市場でも、週明けとなる2月25日に日経平均株価が781円下落、本格的な下げ相場となった。こうして、**それまでのトランプ相場は終焉し、コロナ相場が始まったのである。**

株式市場は強い米国経済という指標を失い、金融政策による緩和期待を頼りとするようになった。

そのような相場環境で注目を集めたのがコロナ関連銘柄である。

日本でも感染拡大初期には、マスク関連や防護服関連の銘柄が高騰。その後は治療薬など医療やバイオ関連、テレワークと巣ごもり自粛でネット関連が買われる展開となった。

甘く危険な香りがしたコロナ銘柄の相対取引

実体の怪しげな企業も、コロナ関連のニュースで株価が高騰する現象が見られ、投資家もコロナで一喜一憂である。

20年4月27日、新型コロナウイルスに有効な新薬開発を発表したテラ社も、コロナ銘柄として株価が高騰中だ。

このIRが発表された27日以降、**テラ株は連日ストップ高で高値を更新し続け、150円ほどだった株価は、連休を挟む5営業日で630円を超えている。**

不可解なのが、100円ほどで推移していたテラ株が、4月14日から急激に出来高を増やして、株価が上昇を始めている点だ。

明らかに、誰かがニュースを事前に知っていて買い集めた形跡である。いわゆる仕込みだ。

私が運営するNEKO PARTNERSでも4月26日にテラ株を推奨銘柄として発表していた。業務提携先であるファンド会社に推奨されたからだ。

さらに翌日、このファンド会社からは、テラ株を市場外の相対で買わないか？　とのオファーを受けた。**条件は4月28日の終値で、30日午前中に現金決済というものだ。**29日が休日だから、30日に株価が下がれば損失が出ることになる。

28日の終値は297円だ。IRの内容から考えて、株価が下がることは考えづらい状況だった。譲渡概要書によると、株の売り主（保有者）はセネジェニックス・ジャパンだ。セネジェニックス・ジャパンの代表取締役である藤森徹也氏は、3月25日にテラ社の取締役に就任している。

そして、セネジェニックス・ジャパンこそ、テラ社と新型コロナウイルス治療薬の開発で業務提携した会社だ。まさに株価高騰の立役者である。

一連の流れから、この取引には甘く危険な香りがした。そこで、私はネコノミクス宣言のイラストでもお馴染みの「人買い」こと井上君に丸投げしたのである。

結果は、見事に大きなトラブルとなった。事件は進行中である。

新型コロナをネタに相場操縦？インサイダー取引の舞台裏

（『週刊SPA！』2020年6月2日号）

「最近、私の名前を悪用し海外投資を勧める詐欺商法が出回っているようです」

2020年5月12日の午後1時26分に、鳩山由紀夫氏がツイッター上にこう投稿した。

このツイートが投稿される2分前の1時24分、684円の年初来高値がついていたテラ社の株が急落し始めた。鳩山氏のツイートを事前に知っていた者の取引であることは、明らかである。

鳩山氏がテラ社について初めてツイートし

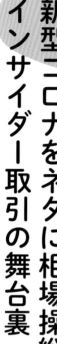

たのは、4月29日のことだ。

バラク・オバマ前大統領を共同発起人として「国際新型コロナ細胞治療研究会」という胡散臭い団体を発足したというものである。そして**この話を持ちかけたのが、テラ社ということだった。**

テラ社はこの2日前にセネジェニックス・ジャパンと新型コロナウイルスの治療薬を共同開発すると発表している。同社代表の藤森徹也氏がテラ社の取締役に就任したのは3月25日のことだ。

テラ社株の動きを見ると、**4月6日ころから仕込みが始まり、13日から一気に買い集められていることがわかる。120円程度で集めた株が、1か月もたたず5倍以上になったのだから大儲けだ。**

私がテラ社株の情報を得たのは4月26日の夜である。ゴールドマンサックス出身でファンド会社を経営する山崎という男からだ。

テラ社が東大医科学研究所と共同研究を行うことや、メキシコで臨床試験を予定していること、**そしてそのIR発表が27日であるという情報を寄せてきた。**

さらに、山崎から「テラ社株を相対（市場外取引）で買わないか？」と打診されたのだ。

果たされなかった相対取引の約束。結末やいかに!?

山崎と私の会社は業務提携の関係にある。まずいことに、この話を聞く直前、私は自分が運営しているサロンでテラ社株を推奨していた。

また、山崎が相対で売却しようとしているテラ社株は、概要書からセネジェニックス社が保有するものであるとわかった。

山崎はセネジェニックス社から直接依頼を受けて、テラ社株の売却を進めていたのである。そのうえ、山崎自身もテラ社株を大量に買っていることも判明した。**明らかにインサイダー取引だ。**

私自身はテラ社、セネジェニックス社のどちらからも内部情報を得てはいない。しかし、山崎の仲介でセネジェニックス社と取引するのは問題がある。

そこで、イラストでお馴染みの「人買い」こと、井上君に山崎と直接やりとりをさせることにした。

こうして、**井上君は約1億5000万円分のテラ社株を買うことになり、4月30日の朝、セネジェニックス社の口座に8100万円を振り込んだ。そして、その日の午後、現金7**

000万円をセネジェニックス社へ持参したのである。

4月28日の終値297円で50万株だから、株を受け取った時点ですでに4000万円ほど利益が出ている計算だ。

だが、満面の笑みで待っている井上君にテラ社株が引き渡されることはなかった。**しかも、振り込んだ8100万円さえ返済されない。**

そんな井上君などお構いなしにテラ社株は連日ストップ高を続ける。それに伴い、大量保有報告書も行ったり来たりのお祭り騒ぎだ。

5月14日には、テラ社前社長の矢崎雄一郎氏が、テラ社株を売却するという香ばしい動きまで見られた。矢崎前社長といえば、2年前に関係先への迂回融資や持ち株の叩き売りが大きな問題となり、テラ社の代表取締役を退いた経緯がある。

矢崎前社長のもとハコ企業となったテラ社が、派手にぶち上げた茶番劇を見守りたい。

私が関わった経緯については、証券取引等監視委員会に報告済みである。

ＰＣＲ検査で濡れ手で粟。悪徳医師の危ない錬金術

（『週刊ＳＰＡ！』２０２０年９月１日号）

「ＰＣＲ検査でウハウハや」

都内でクリニックを経営しているＳは、手術用の手袋をしたまま１万円札を数えながらそう言った。**赤字続きのクリニックに、新型コロナは思わぬ恩恵をもたらしたのである。**

Ｇｏ Ｔｏトラベルで混乱が始まる前に沖縄旅行に行きたかった私は、とりあえずＳのクリニックでＰＣＲ検査を受けた。

「お前、ちゃんと検査できるんか」

私は医師としてのＳを１ミリも信用してい

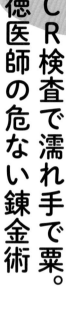

ない。

「ユーチューブで何度もやり方を見たから大丈夫や」

Sはそう言って私の鼻の穴に綿棒を突っ込んだ。脳ミソにまで届きそうな勢いである。激痛とともに鼻水と涙がだらだらと流れた。

Sのクリニックでは PCR検査が4万円、抗体検査が2万5000円である。PCR検査については、採取した検体を検査機関に送り、3日で結果が出るという。

抗体検査はすぐに結果がわかり、原価率もいいらしい。PCR検査の原価についてSは頑なに口をつぐみ、最後まで教えてくれなかったが、おそらく半分は利益が乗っているだろう。

抗体検査のキットは原価4000円というから、一検査あたり2万円以上の儲けだ。

3人以上での検査申し込みなら割引料金のうえに出張もする。英文の陰性証明書はオプションで、発行料金は1万円である。企業からの集団検査依頼も活発で連日大盛況のようだ。

私の検査結果は陰性であった。予想していたとおりとはいえ、なにか寂しい。流行に乗り遅れたような感覚だ。

「PCRなんぞ意味ないで」

検査結果を手渡しながらSはそう嘯いた。

「せいぜい6割くらいの精度や」

4万円も取りながらこの言い草である。

公費によるPCR検査の実施にS医師が反対する理由とは?

PCR検査は検体中のウイルス遺伝子を増幅させて測定する。ウイルスの有無によって判定するわけだから、感染していない人が陽性とされる可能性は低い。

ところが、検体採取の場所や方法、個体差などにより、検査数値は絶えず変化する。**PCR検査は「陽性」か「陰性」のどちらかの判定をしなくてはならない。「わからない」という判定は許されないのだ。**

そこで、陽性と陰性の線引きをする数値基準を用いることになる。**これがカットオフ値だ。**

カットオフ値を高く設定すれば、感染していない人を陽性と判定することは減る。その逆に、低いカットオフ値だと、感染していないのに陽性と判定される人が増える。

問題なのは、感染者であるのに陰性と判定してしまう偽陰性だ。PCR検査で、陰性の判定を受けた無症状感染者(偽陰性)が、結果に安心して感染を拡大させてしまう。

ＰＣＲ検査とはこのように曖昧なものなのだ。全国民に実施するべきだという人もいるが、まったく無意味で、社会を混乱させるだけである。

Ｓは公費によるＰＣＲ検査の拡大にも反対している。**4万円の客を持っていかれるのが嫌なのだ。**

「陽性者が出たら困るわ」

検査の結果、感染者が出たら保健所への通報などが面倒らしい。

「4万円も払って検査受ける連中は、頭は悪いけどコロナへの意識は高いから感染者はおらん」

そういうことらしい。

「極端な話、**検査したふりして陰性ですと言うとったらええんや**」

もちろん、多くの医者はＳのように不謹慎ではないはずだ。

ＰＣＲ検査でわかるのは、検査時点での陽性か陰性かということだけだ。検査後に感染する確率が下がるわけでもない。ＰＣＲ検査で安心したいのなら、毎日検査を受けなければ意味がない。マスコミが不安を煽るため、宣伝しなくても大繁盛である。

「熱が出たら来るなよ」

帰り際、Ｓは私にそう言った。

新型コロナも追い風に。ある飲食オーナーの黒い経営術

（『週刊SPA!』2020年9月8・15日号）

「コロナのおかげで助かりました」

都内で複数の飲食店を経営しているKが言った。

飲食店は、どこも新型コロナで売り上げが激減しているはずなのに不思議だった。テイクアウトやデリバリーが好調なのだろうか。

そもそもKの店はお世辞にもおいしいとは言えないレベルだ。特に2019年にオープンした焼き肉店は酷い。肉もタレもイマイチである。

キムチはまあまあだと思ったら、大手焼き

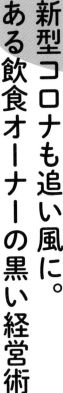

肉チェーンが市販しているものらしい。

「肉はアイウエオものですよ」

何か特別な飼育方法でも受けた上等なものかと思ったら、違った。**アイウエオとは、牛が解体されたとき、何らかの瑕疵があった場合につけられる記号のことである。打撲で皮下出血をしていたり、炎症を起こしている、などだ。**

「食べてもわかりませんよ」

Kは知り合いの食肉業者から、アイウエオの肉だけを仕入れていた。**もちろん価格が安いからだ。**

「そこはこだわっています」

Kは根本的に間違えている。普通は良い素材や味にこだわるものだが、コストにしか気が向かない。何組かの客がアイウエオ肉をテーブルで焼きながら食べていたが、私の食欲は一気に失せた。

Kは焼き肉屋を本気で繁盛させたいとは思っていない。ほかに経営する飲食店もそうだ。いかにイニシャルコスト、ランニングコストを抑えるかに心血を注いでいる。なぜなら、Kにとって飲食店は資金調達のハコでしかないからだ。

Kは土建・解体・不動産の会社も経営していた。倒産した飲食店の解体で出た設備を使い、訳あり物件に次々と新しい店をつくる。

今から20年ほど前、Kは新宿に第一号の飲食店をオープンした。大通りの路面店で人通りも多い一等地だ。

事故物件なのに客がつく驚愕のからくりとは？

ただ一つ問題点があった。**以前は喫茶店だったこの店舗、殺人事件の現場となり潰れていたのだ。**ビルのオーナーから解体工事を頼まれたKは、破格の条件でこの店舗を借り受けた。

殺人事件の現場である。次の借り手を見つけるのも難しい。**保証金ゼロ、家賃6か月間ゼロという条件であった。**

Kは千葉で潰れた店の設備什器をそっくり流用し、殺人事件の現場にラーメン店をオープンさせた。店長は刑務所を出所間もない従弟である。この従弟は有名なラーメン店で働いていた経験が買われての抜擢だ。

壁に飛び散った血痕の上には、美女が微笑むカレンダーが貼られた。ラーメンの味は可もなく不可もなく、店の経営は芳しくない。

ところが、5か月目を迎えたころから店は急に繁盛し始めた。正しくは繁盛しているように見えた。

そして、**オープンから6か月後、店は関西の飲食店オーナーに高値で売られたのである。**

だが、オーナーが代わった店は急に客足が減り、やがて閉店した。あれほど繁盛していたのがまるで嘘のようだ。

そのとおり、嘘だったからだ。繁盛しているように見えたのは、Kによる演出だったのである。**店の買い手が来る日には、Kの家族一族郎党が駆り出されていたのだ。**

こうして、Kは家賃が発生する前に高値で店を売ることができた。

Kは同じような手口で飲食店をつくり、公庫や銀行から融資を受けたり、転売を繰り返した。

焼き肉店もそのつもりでオープンさせた。そこに、新型コロナが起きたのだ。

店を売る計画は狂ったが、政府からは手厚い資金繰りが提供された。本業の土建・解体に加え、ほかの飲食店でも借りられるだけ借りた。無利子の上に5年間据え置きという好条件だ。

「今度うまい焼き肉食いに、叙々苑にでも行きましょうよ」

納車されたばかりのベンツに乗り込みながら、Kは微笑んで手を振った。

覚醒剤マーケットを席巻する最新マーケティング事情とは？

（『週刊SPA！』2020年10月20・27日号）

オレンジ色に黒いドクロのイラストがプリントされたパッケージ。原宿辺りの怪しげなアクセサリー店で商品を入れるのに良さそうだ。かなりロックな感じである。

だが、中の商品はアクセサリーではない。覚醒剤だ。

一昔前だが、**北朝鮮製の覚醒剤には赤い虎のマークが印刷されていて、虎印と呼ばれていた。**

虎印は1kgのパッケージだったが、ドクロ印は0・4gの1万円パケである。ドクロ印が虎印にインスパイアされたものかどうかはわからない。

ドクロ印のパッケージは通称〝麻布パケ〟と呼ばれ、六本木界隈のちょっとオシャレなポン中たちに人気があったようだ（個人的には裏原宿辺りで売ってほしかった）。〝麻布パケ〟を販売していたとして警視庁に逮捕されたのは、シエラレオネ国籍の売人である。

〝麻布パケ〟は覚醒剤のパケ＝透明なビニール袋という概念を覆すものである。このニュースを見て、ある種の衝撃を受けた。**これは覚醒剤販売の新たなマーケティングと捉えていいだろう。**

覚醒剤という極めてトラディショナルな違法薬物が、ドクロ柄のパケで何やらオシャレでライトなイメージに感じられる。

しかし、パッケージがドクロ柄だろうが花柄だろうが覚醒剤は覚醒剤であり、常用者はシャブ中、ポン中なのだ。

覚醒剤の呼び方も、一般的であったシャブから、近年になって多様化してきた。シャブの頭文字からS（エス）、スピード、アイスやクリスタルなどさまざまだ。

シャブの語源は、「骨までシャブりつくす薬」だからというのが通説である。**これを横文字のオシャレな呼び方に変えることで抵抗感や罪悪感を低減させ、消費者の裾野を広げ**

ることになったと考えられる。これもマーケティングの一環だろう。

いつでも、だれでも覚醒剤を買える街。それが大阪・西成

そのような傾向を快く思わない人たちがいる。大阪・西成を拠点とする覚醒剤関係の方々だ。

大阪・西成のあいりん地区は、覚醒剤の対面取引が暴力団によって仕切られた街である。あいりん地区で覚醒剤販売を生業とする人たちは、頑ななまでに伝統を重視する。**この辺りで覚醒剤を買おうとして、アイスだのクリスタルなどと言おうものなら、売人から知らん顔をされるだろう。**

ここでは伝統的な呼び方である覚醒剤、シャブが普通なのだ。少し通らしく言うならば、シナモン（品物）あるいはモノ（物）である。年配の覚醒剤常用者なら、冷たいもん、速いもんと呼ぶ。

渋谷や六本木ならシナモンロールに使用される香辛料と勘違いされそうだが、**あいりん地区でシナモンといえば覚醒剤しかない。**

覚醒剤の本場という自負のある関西では、アイスだのクリスタルだのと横文字で呼ぶ連

中を「気取りやがって」と心の底からバカにしているのだ。

「シナモンある?」

「あるで、ポンプいる?」

これがあいりん地区で覚醒剤を売買するときの標準的な仕草だ。 ちなみにポンプとは注射器のことである。

10年ほど前までは、あいりん地区の所どころに売人が立っていた。ナイロンのシャカシャカジャージに阪神タイガースのキャップでキメた売人が、交差点や路地裏にうじゃうじゃいた。もちろん覚醒剤もキメている。

西成を歩いていて彼らと目が合えば、決まって「あるで」と囁いてきたものだ。古き良き昭和、平成の光景である。

現在はこうした路上販売はなくなり、屋内販売型へと変わった。ドライブスルーのように車の窓から買う手軽さはなくなったのだ。

だが心配は要らない。**いつでもだれでも覚醒剤を買うことができる街、それがあいりん地区なのだ。**

メキシコでは殺人も日常茶飯事。儲かりすぎる麻薬市場の利権構造

（『週刊SPA！』2020年11月3日号）

「殺人による犠牲者を0・6%減らすことができた。これは2014年以降、初めてのことだ」

メキシコのSSPC（治安・市民保護省）の責任者がドヤ顔で発言している。

「3万6000人も殺されとって何言うとんねん、ボケ」

BBCのニュース映像に思わずツッコミを入れてしまった。

19年にメキシコで殺害された犠牲者数は3万6476人である。これは国際統計による

と世界第12位だ。

ちなみに、**日本で19年に発生した殺人事件は950件で154位だが、それより下がシンガポールやモナコなど都市国家であることを考えると、日本は実質的に世界で最も殺人事件の少ない国と言えるだろう。**

メキシコで殺人事件が多発する原因は〝麻薬〟にある。米国で流通するコカインやマリファナの70％以上がメキシコの麻薬カルテルが供給するものだ。**その売り上げは年間300億ドル以上。日本円に換算すると3兆円以上だ。**

この巨額な利権を巡って麻薬カルテル同士が争う。そこにメキシコ政府が参加するという、**三つ巴の戦いがメキシコ麻薬戦争**だ。

メキシコの麻薬戦争とは、激化した麻薬販売競争である。通常の販売競争は、商品の品質やサービスを競うものだが麻薬は違う。**競合相手を排除することでシェアを奪うのだ。**そのためには国家と戦うことさえ厭わない。麻薬とはそれほど巨大で魅力的な利権なのだ。

10年ほど前、アメリカとの国境に位置するティファナを訪れたことがある。この街は麻薬カルテルの一大拠点でもあり、治安もすこぶる悪い。現地のコーディネーターにホテルから出ないこと、外出する場合は迎えが到着してから部屋を出ることなど、リスク低減のレクチャーを受けた。

ところが、ホテルに到着早々、同じフロアで密売人同士の銃撃戦があった。

コロナを追い風に市場を拡大させる麻薬ビジネス

私は息を殺して沈静化するのを待った。数時間が過ぎドアを開けてみると、廊下には血溜まりの中にいくつかの死体が転がっていた。

その死体を避けながら、**ハウスキーパーの女性が何事もなかったかのように仕事をしている。どうやら、廊下の清掃は彼女の仕事ではないようだ。**

この一件の後も、ティファナでは路上に放置された死体をいくつも目にした。ここでは日常の光景なのだ。

新型コロナの登場によって、麻薬の売り上げは世界中で伸びている。警察の取り締まりが新型コロナの感染拡大で弱まったからだ。

これは日本でも同じ傾向にある。ステイホームで薬物使用者が増えたというのもあるだろう。

大阪・西成のあいりん地区でも違法薬物の売買は活況だ。

だが、覚醒剤も以前とは販売形態が少し変わった。路上販売はほとんどなくなり、屋内での売買が主流になっている。

とはいっても、店舗を構えたわけではない。通称〝ドヤ〟と呼ばれる簡易宿泊所が販売拠点となっているのだ。

『完全個室1泊1200円カラーテレビ付き』

安いドヤなら1泊500円とかもある。このようなドヤに覚醒剤の売人が常駐していて、客が買いに来るのだ。

売人を見分ける方法はその服装である。日雇い労働者に紛れるため、多くの売人は作業服を着ている。**ところが、実際に働くことはないので作業服がきれいなのだ。若い売人はオシャレで派手な作業服だから特に目立つらしい。**

西成にある組事務所や覚醒剤の密売を内偵するため、作業員姿に変装した刑事が、捜査対象にバレるのも同じ理由である。

最近では、茶髪にロン毛でスケボーに乗って覚醒剤を配達する若者もいるらしい。時代は変わりゆくのである。

多国間をまたぐマネロンと節税の最新スキーム事情

（『週刊SPA!』2020年12月8日号）

ネットに高須なりすまし現れる
高須克弥
あなたは選ばれた
50万円用意して
勝者になれる
しかもロコツなバカのアレ
ついつい
ちんかす詐欺に50万円振り込むって返信したのに無視された
何たる屈辱
わしも無視されたー
きぃぃ

2020年11月は私が代表を務めるニューヨーク法人の決算だった。

概ね問題はなかったのだが、英国領を経由した日本からの送金に説明を求められた。

日本の国税庁に相当するIRS（アメリカ合衆国内国歳入庁）に疎明する必要があるからだ。

日本からニューヨークへダイレクトに送金せず、英国領のオフショアを経由させたのは単純に節税のためである。

多国籍企業が無税もしくは低税率のオフショアに子会社を設立して、コストと利益を分散させるのは常套手段である。

これが恒常的に行われていて、その取引額が大きいとIRSに目をつけられる。

そして、**取引されるサービスや生産品の価格がグループ企業内で都合よく操作されていたら、それは問題だ。**

特に生産地から最終消費地の間に低税率国をわざと介在させ、そこには低価格で販売。その後に高価格で転売という取引形態は、オーソドックスでグレーな節税（脱税ともいえる）である。

この手法は**トランスファー・プライシング（移転価格操作）**と呼ばれ、多国籍企業なら必ずと言っていいくらい行っている。

この行為は、**税法・税率の異なる国家をまたいで資金移動が行われているため、規制するのはなかなか困難だ。**

トランスファー・プライシングは課税逃れの手法でしかない。これに対して、課税構造そのものを変えるのがインバージョンである。

インバージョンは本国の課税を避けるため子会社を低税率国に設立し、最終的な利益をその子会社へ移転させる構造だ。

本社が子会社へ資産を移して、多額の負債を子会社から負うことで本国の利益を圧縮し、課税を免れるのである。

日本でも会社法が改正された07年からこのインバージョンが可能となり、多くの企業が低税率国（いわゆるタックスヘイブン）に法人を設立した。

隠したい利益は南太平洋に浮かぶ小さな島に落ちる

インバージョンの中でも大企業ではやっているのが、先進国間の税率の違いを利用した企業買収である。

新型コロナウイルスのワクチン開発で話題となっているファイザー社がインバージョンを目論んで企業買収を試みたのは14年のことだ。

その買収対象となった企業が、同じく新型コロナウイルスのワクチン開発でファイザー社と競っている英国のアストラゼネカ社である。

この買収劇は1000億ドルという巨額な買収額で注目を浴びたが、アストラゼネカ社の抵抗で失敗に終わった。

この買収が成功していたら、合併した両社は英国の新法人に保有される計画であった。

そうなれば、**米国に納税されるファイザー社の巨額な税金が英国内で、しかも「小さな親会社」で処理されることになっていたのだ。**

話は少し戻るが、トランスファー・プライシングは企業会計だけでなく、マネーロンダリングにも使われる手法である。

中東のオイルマネーも中継地のタックスヘイブンを転々としながら、複数の最終目的地へ分散していく。

その間にはペーパーカンパニーで価格の移転が行われ、1バレル30ドルの原油が最後は60ドルになるのである。

差額となる30ドルはもちろん利益となるのだが、それが発生するのは南太平洋に浮かぶ小さな島だ。

とはいえ、取引額のすべてがマネーロンダリングに利用できるわけではない。せいぜい全体の2~3%だろう。マネーロンダリングには表面上、正当な金融取引が必要なのだ。

マネーロンダリングはGDPの影でしかない。決して光を浴びることはないのである。

ねこねこDUCATI
今日もゆく
紅葉を見に行ったり
おそば食べたり
世界は混乱と大不況へ向かってますが株高です
なんだかね～
みなさん外に出て少し空を見ませんか

麻薬と武器は恐慌に強い？ コロナ禍で潤う犯罪組織の構造

（『週刊SPA！』2020年12月15日号）

小石を隠すなら砂浜に、木の葉を隠すなら森の中に。砂浜がないなら作ればよい。森も同様だ。

隠したいものがあるならば、それと同じものが多くある場所へ紛れ込ませば見つかりにくい、ということだ。

英国の小説家、G・K・チェスタトンが短編推理小説『ブラウン神父の童心』に収めた一篇に出てくる言葉である。

作中では死体を隠したい者は死体の山を築くとも書かれていた。中学生だった私には、この一節がとても刺激的であった。

「木を隠すなら森の中」という諺は、この短編小説が語源になっているらしい。

ならば、人を隠すには人混みの中が一番ということになる。そのとおりだ。犯罪者は追っ手がかかると人の多い大都市へ逃げ込む習性がある。東京や大阪、愛知や福岡など、指名手配された容疑者が身を隠すには最適な場所だ。

いっそのこと、国外へ逃亡してしまえば隠れる必要さえなくなるのだが、いずれ国際手配され、もっと面倒なことになる。

さて、早いもので今年も残り1か月を切った。新型コロナに始まり、新型コロナで終わるという歴史的な1年であった。

新型コロナのパンデミックにより、人やモノの移動が制限され世界は分断された。だが、成長性も将来性も失った企業は従業員を大量に解雇する一方で、政府や中央銀行の支援でゾンビ化しながら生き残っている。

経済危機を避けるため、世界中ですでに1300兆円以上の資金が供給された。その結果、私たちは実体経済とはかけ離れたバブル経済の真っただ中にいる。

これは新型コロナが生み出した21世紀の歪んだ資本主義の姿である。

世界のGDPの3%がロンダリングされている

株式市場では異常事態が進行中だ。ダウ平均株価が史上最高値を更新し、日経平均株価も29年ぶりの戻り高値を更新中だ。

一方、現実社会には株式市場のような高揚も熱狂も存在しない。米国では一日20万人が新型コロナに感染し、一日に2000人が死亡している。東京でも一日500人の新規感染者が発生し、飲食店は再び時短営業を強いられた。(2020年12月時点)

ただ、株式市場と同様に活況な産業も存在する。麻薬と武器だ。荒廃した社会では、人びとが現実逃避の快楽を求め違法薬物が蔓延する。**戦後の混乱期と同じだ。**薬物の巣ごもり需要も増えただろう。

米国は一般消費者向けの銃器と弾薬の販売が好調である。米連邦政府も新型コロナ対策の勧告を更新、銃器販売を「不可欠なサービス」に認定した。これにより、外出禁止令のもとでも、銃器販売店は営業できるようになった。

テロリストや反政府活動集団も違法な武器を買い集めているようだ。新型コロナの混乱に乗じて行動を活発化させる狙いだろう。

犯罪組織にとって麻薬と武器は2大収益源である。新型コロナで思わぬ恩恵を受けているのは、何を隠そう犯罪組織なのだ。

しかし、彼らは麻薬と武器で大量の資金を得ながらも頭を痛めている問題がある。資金の洗浄――マネーロンダリングだ。世界のGDPにおいて、その約3％の金額がマネーロンダリングされていると試算されている。

つまり、表（地上経済）の大きさで裏（地下経済）の規模は決まるということだ。**マネーロンダリングは正規（表）の取引に紛れ込ませて資金を移動させて完成する。お金を隠すには大量のお金の中なのだ。まさに木を隠すには森の中なのである。**

その表の経済取引自体が縮小しているのに、裏の取引が膨張するとマネーロンダリングが追いつかない。ここでも歪な資本主義の弊害が表れているのだ。

地下社会の住人にとって混沌と荒廃は好機なのである。

国際金融の常識が崩壊? シティバンクが犯した大騒動

(『週刊SPA!』2020年12月29日・1月5日号)

もうすぐクリスマスである。例年なら、華やかなイルミネーションで心も弾む時期だが今年は違う。

新型コロナは世界の景色や社会システムを一気に変えた。こうして見ると、**新型コロナは人体への脅威より文明に対する脅威のほうが大きいのだ。**米国では、新型コロナで一日あたり3000人の死者を出しながらも、ワクチンへの期待と大統領選挙の混乱で騒がしい。

この時期はクリスマス休暇で閑散としてい

るはずのニューヨーク株式市場も賑わっている。緩和マネーに踊る金融相場に乗り遅れまいと、頂上めがけたチキンレースが続いているのだ。

そんな米国で気になる経済ニュースをピックアップしてみた。**9億ドル**（**約930億円**）**もの誤送金をやらかしたシティバンクのニュースである。**

シティバンクは、米化粧品会社のレブロン向けローンの管理を行っていた。2020年8月、このローンの貸し手40社に対し、利息分を支払うはずが元金にあたる9億ドルを誤って送金したのである。

「そんなん、間違うわけないやろ」

思わずツッコまずにはいられなかった。**銀行間の送金には幾重ものチェックが行われる。ましてやこれほどの金額である。送金実行前はコンプライアンスのチェックもある。送金先と送金理由、そのエビデンスに対するチェックも厳しい。**

これらをクリアしても、次にトランザクション部門のチェックがある。送金手続き実行段階でのチェックだ。

仮にトランザクションチェックをクリアしたとしても、ファイナルアプルーバルが残っている。責任者によるチェックと承認作業だ。

ところが、9億ドルもの誤送金は実行されてしまった。不可解である。**銀行間の送金実**

務を多少なりとも知っている者なら、全員が理解不能な話なのだ。

185億円もの誤送金の受け手が明かした仰天回答

さらに不思議なのが、**誤送金した9億ドルのうち5億ドル余りが返金されないという事実である。**

普通返すやろ。いや返せやと、ここもツッコみどころだ。

誤送金先の一つ、ブリゲイド・キャピタル・マネジメントは1億7500万ドル（約185億円）の返還を堂々と拒否した。

ニューヨークの連邦裁判所に返還の訴えを起こされたブリゲイド・キャピタル・マネジメントの回答もなかなかである。

「シティバンクは送金の翌日まで返還を求めてこなかった。だから現金化して使ったからもうお金はないよ」

こんな回答なのだ。

コンビニで千円札を出してワンカップを買った親父に間違えて1万円計算の釣り銭を渡した店員が、店の外まで追いかけて返還を求めたときのやりとりレベルだが、こちらは1

85億円である。

ブリゲイド・キャピタル・マネジメントのふざけた回答に対し、

「良心的ではない」

とシティバンクは応酬したのだが、どっちもどっちといった感じである。

誤送金したシティバンクもどうかと思うが、明らかに間違いで送られてきたカネを返さないブリゲイド・キャピタル・マネジメントもどうかと思う。まるでヤクザだ。そもそも、このような会社と数百億円の取引をすること自体が考えられない。

誤送金は個人間でもよくある話だが少額な単純ミスの範囲だろう。日本の場合、100万円を超える送金は銀行間でのチェックが厳しく、送金の実行そのものが難しい。**もし、誤送金を実行してしまうと少し面倒だ。〝組戻し〟という手続きが必要で、これには送金相手の承諾が必要となる。**とはいえ、間違いで送金されたお金と知りつつ使えば立派な犯罪だ。

もし、日本の企業が185億円もの誤送金を受けたら自ら返還手続きをするだろう。

それが当たり前なのだ。

新型コロナに乗じた悪しき闇ワクチンビジネスの全容

（『週刊SPA!』2021年2月2日号）

「コロナワクチン入荷しました」

居酒屋が初モノの松茸を仕入れたくらいのノリである。

新型コロナワクチンを接種しませんか?という医療関係者からの誘いだった。中国シノバック・バイオテック製ワクチンを2回接種して料金は20万円らしい。

原価数百円の、それも安全性・有効性が確立されていないワクチンが一回10万円とは驚きである。覚醒剤よりよい儲けだ。路地裏で人目を気にしながらコートの内側に隠したワクチンをチラ見せする売人の姿が頭に浮かんだ。

もちろん、正規ルートによらない闇ワクチンだから法外な料金も仕方がないだろう。だが、新型コロナに感染する確率と感染した場合の重症化リスクを考えれば、タダでもいらない。

2021年2月末から国内でも順次、ワクチン接種が始まる。もちろん正規な医療行為で費用はかからない。

さらに、ワクチンで健康被害が出た場合、製薬会社の損害賠償による損失を国が補塡する補償つきだ。これにより、製薬メーカーは安心してワクチンを大量供給できる。

そのような背景から、**安全も補償も担保されていない数十万円の闇ワクチン接種など誰もしないと私は思っていた。**

ところがである。企業経営者など数十人がすでに闇ワクチンの接種を受けていたと報道されたのだ。しかも、家族にまで接種させていたらしい。**情弱というか軽率というか、失笑モノである。**

この報道から数日後、シノバック製ワクチンの有効性が50％程度しかないと発表された。副作用についてはまだわからない。

調べてみると、闇ワクチンは複数のルートで大量に日本国内へ入ってきていた。

私に声をかけてきたのは、主に中国人富裕層の医療ツーリズムを受け入れていた美容外科医である。そこにワクチンを持ち込んでいたのが中国の旅行代理店と医療ツーリズムのコンダクターだった。

重病に悩む人をカモに悪魔のニセ医療ビジネス

闇ワクチンは中国製だけではなく、ロシア製のモノも出回っている。**プーチン大統領が接種しないと公言したスプートニクVだ。**

人間は健康に関わる不安に弱い。だからこそ、そこにつけ込む物販や詐欺は儲かるのだ。トラディショナルで原始的な情弱ビジネスである。

薄毛や肥満、肌のシミ、弛みなど、外見のコンプレックスを突く商品もよく売れる。とはいうものの、ハゲだデブだというコンプレックス相手の商売など可愛いものだろう。中には深刻な病に悩む人を食いものにする不届きな連中もいる。**余命宣告を受けた末期がん患者をターゲットにしたトンデモ医療と偽特効薬ビジネスだ。**

10年ほど前、タイ北部の街に富裕層の末期がん患者が集まる医院があった。未承認の特効薬を使ったがん治療が受けられるという話に、藁をもすがる思いで多くの末期がん患者が集まった。

この医院を末期がん患者に紹介していたのは、関西にある漢方薬局店と関東の医療法人である。未承認の治療薬で末期がんが治るとか、最新の免疫療法が受けられるという触れ込みで患者を集めた。

最後のチャンスと期待して入院した患者が回復することはなかった。治療薬も最新医療も全て嘘だからだ。

高額な薬代と治療費をむしり取られながら死を待つだけだ。

患者は末期がんである。やがて死人に口なしとなる。海外を舞台とするのも事実を隠し日本の法から逃れるためだ。

さて、闇ワクチンだがロシア製のモノは全くの偽物が出回っているらしい。

「中身は生理食塩水だから安心です。薬にはならないけれど毒にもならない」

私に声をかけてきた医療関係者は悪びれる様子もなくそう言った。

第2章

コロナバブルが崩壊する日

新型コロナウイルスについてまだ日本中が大騒ぎをする前、つまり2020年初頭から、私は本連載を含めさまざまなメディアで「甘く考えていたら大変なことになるぞ」と警鐘を鳴らしてきた。自らの〝慧眼〟をドヤ顔で自慢したいわけではない。慧眼でも何でもなく、投資家なら未知のウイルスが発生したと聞いた瞬間、身構えるのは当然の話なのだ。

だが必ず次のような反論をしてくる人びとがいる。

「通常の季節性インフルエンザだって世界中で年間30万人から60万人が死んでいる。死者数も致死率もコロナが特に高いわけじゃない。煽り過ぎだ」などと。

このようなことを言う人は、〝コロナ禍〟の本質がわかっていないのだ。私自身、コロナというウイルス自体にはさほど恐怖を感じていない。日常において特に厳格な自粛生活を送っているわけでもない。自分なりに感染対策をしながら、外食にも行けば、バイクでツーリングにも行く。むしろコロナ以降のほうが時間を有意義に使い、充実した日々を送ることができていると思っているほどだ。

それでも私がコロナの危険性を強調するのは、それが世界中のあらゆる社会システムに甚大な影響を与えるものだからだ。ヒト・モノ・カネの動きが世界規模でこれほど長きにわたってストップ、あるいは停滞した時期がこれまでにあっただろうか。世界大戦中でもなかっただろう。

つまり今回のウイルス禍は、これまで誰も経験したことがない未曽有の出来事、〝ブラックスワン〟の出現なのだ。投資の世界では、予期せぬ事態や危機的な状況が発生した場合、「大げさに対応する」という鉄則がある。それはつまり「最悪」を想定して動く、ということだ。

しかし、特にコロナ禍初期においては専門家でさえ「所詮インフルエンザと同じようなもので、恐れる必要はない」という意見が多かった。メディアは言わずもがな、政府でさえ、そんな安易な楽観論に支配されていた感がある。その後のコロナ対策、経済対策の迷走を見れば納得いただけるだろう。

常に後手後手の政府の対応を見ていて私がつくづく感じたのは、投資家視点の欠如である。それがあれば、コロナ禍の渦をここまで大きくすることはなかったはずだ。

世界経済に与える影響でいうと、私は、今回のコロナショックは2008年のリーマンショックの比ではないと考えている。欧米発のリーマンショックは世界の金融システムに多大な影響を与えたが、ロックダウンもなければ、ヒトやモノの動きが止まったわけでもない。

あり得ない、起こり得ないと思っていたことが突然発生したとき、それが社会に与える衝撃にはすさまじいものがある。いわゆるブラックスワン理論だ。詳しくは本編を参照していただきたいが、リーマンショックはまさにそれだった。しかしコロナショックはさらにそのうえを行く、巨大な黒鳥の出現だと言っていいだろう。

いやいや株式市場は高騰を続けているじゃないか、最悪は過ぎ去ったと考える人もいるだろう。たしかに本稿執筆時点（21年2月9日）で、米国ではダウ工業株30種平均は3万1385ドルと史上最高値を更新、日経平均の終値も2万9388円と30年6か月ぶりの高値を記録した。1か月延長された緊急事態宣言下ではあるが、新型コロナウイルスの感染者数は一時の4桁台から3桁台へと順調に減少しているかに見える。世界ではワクチンの接種も始まった。もはや大きな不安は払拭されつつあるのではないか。そんな希望的観測を抱いて楽な気持ちになりたいのはわかるが、現実は冷酷である。

現在の株高が、コロナ禍の渦から溢れ出た巨大な泡にすぎないことはもはや誰の目にも疑いのないことだろう。金融緩和と財政出動によって、全世界で1500兆円規模の経済対策が実施され、その結果、本来ならとっくに死んでいるはずの企業はゾンビ化して生き延び、行き場を失ったマネーが株式市場に大量に流れ込んでいる、というのが現実である。航空機の需要が消え、従業員は解雇、空港は飛行機の墓場のようになっているが、それでもボーイングの株価は上がるのである。

これほど怖い話があるだろうか。

今の世界経済はECMOで辛うじて命を繋ぐ重篤なコロナ患者と変わらない。それほど遠くない未来、確実にカタストロフィー級の衝撃が訪れるだろう。そのとき世界はどうなるのか。日本は生き残ることができるのだろうか。

第2章では、20年春の株価大暴落（コロナショック）におけるブラックスワンの出現から始まり、忍び寄る恐慌の足音、そして実体経済と乖離したコロナバブルの正体などを、投資家の視点で分析し、解説を試みた。

増税にコロナ騒動。匂いたつブラックスワン出現の兆候

（『週刊SPA!』2020年3月10日号）

2020年2月17日に公表された四半期別GDP（19年10～12月期）の速報値を見て驚いた。**前期比マイナス1・6％、年率換算マイナス6・3％である。消費増税でマイナス成長は予測されていたものの、事前予想のマイナス3・7％との乖離があまりにも大きい。**

内訳を見ると、個人消費のマイナス2・9％より、民間企業の設備投資のマイナスが気になるところだ。**既に景気縮小傾向であった日本経済に、消費増税が追い打ちをかけた**

と考えられる。

政府はこのマイナス成長について「台風や暖冬の影響とともに駆け込み需要の反動減」と説明しているが、それは間違いだ。19年10～12月の景気動向指数を見れば、台風被害のなかった地域でも同じく数字が悪い。それに、10～12月期は12月の統計は含まれておらず、暖冬による影響は関係ない。

次の20年1～3月期のGDP公表は5月18日である。**新型コロナウイルスの影響が、経済に反映される最初の指標となる。**消費増税による個人消費が落ち込む中での新型コロナウイルス騒動だ。

インバウンド需要を見込んでいたホテルやデパートなども売り上げは大幅減だろう。旅行会社や航空会社はもちろん、中国をサプライチェーンとする企業は総崩れになるだろう。こうした状況から、1～3月期のGDPが大きくマイナス成長となるのは簡単に予測できる。**GDPの2四半期連続マイナスはテクニカル・リセッションと定義され、景気後退ということだ。**

消費増税で落ち込んだ需要が、1～3月期には緩やかに回復するという見込みは、新型コロナウイルスによって崩れ去ったということである。

中小企業から崩壊？　忍び寄る大型恐慌の気配

ＧＤＰ＝国内総生産ということは皆さんご存じだと思うが、ここでわかりやすく解説しよう。

ＧＤＰとは「**ある一国全体で生み出される付加価値の合計金額**」である。付加価値とは新たに生まれた価値＝粗利益ということだ。

１００万円の原材料から２００万円の製品が作られて売れれば、１００万円の粗利益＝付加価値となる。ＧＤＰはその年に生まれて、実際に市場で取引された付加価値の合計金額なのだ。

つまり、**ＧＤＰとは日本国内の景気が反映された指標であり、ＧＤＰのマイナス成長は、日本全体の生産力が衰え、景気が下降したことを意味する。**

ＧＤＰ構成比の６割を占めるのが個人消費で、次いで民間企業による設備投資が１・５割ほどだ。

今回のＧＤＰ速報値からは、個人消費の低下はもちろん、企業の設備投資も大きく落ち込んでいることがわかる。過去のデータから見ると、ＧＤＰが大きく低下したのはリーマンショック、東日本大震災、そして14年4月の消費増税のときだった。

リーマンショックと東日本大震災は外的要因だが、消費増税は内的要因、つまり政治の責任と言える。外的要因の新型コロナウイルスと、内的要因の消費増税が重なったのだから、深刻な事態になることは避けられないだろう。

この事態を踏まえ、経済産業省は５０００億円規模の中小企業向け支援策を打ち出した。ただ、ＧＤＰの年率換算マイナス６・３％で考えれば、とても足りない。焼け石に水だ。

新型コロナウイルスの感染拡大は、終息どころか先行きが見えない。すでに市場では株安・円安といったよくない兆候が表れている。

新年度を迎えるころには、中小企業や個人事業者が次々と倒産、それらに融資している金融機関も、一気に業績が落ち込むだろう。

あり得ない、起こり得ないと思われていたことが現実化して、社会に衝撃を与える現象を「ブラックスワン理論」という。

白鳥が白いものという思い込みは危険なのだ。

終息の見えないコロナ騒動。日本経済に与える影響とは？

（『週刊SPA！』２０２０年3月17日号）

「黒い白鳥を探すようなものだ」

存在しないものを探すのは無駄な努力だという、ヨーロッパの諺である。

ところが、１６９７年にオーストラリアで存在しないはずだった黒い白鳥＝ブラックスワンが発見された。そしてこの諺は存在意義を失ったのだ。

あり得ない、起こり得ないと思われていたことが突然発生したとき、それが社会に与える衝撃はすさまじい。ブラックスワンの発見

はまさにそうであったのだろう。

ここから、確率論や統計では予測できない事象が発生して、社会に大きな影響を及ぼすことをブラックスワン理論と呼ぶようになった。近年では、２００８年のリーマンショックがブラックスワンの出現だった。**総資産６９００億ドル（約75兆円）の投資銀行最大手が倒産するなど、誰も予想していなかったのだ。**

リーマンブラザーズの倒産で株式市場は大暴落。金融市場は流動性が麻痺し、やがて世界が大不況に陥ったことは周知のとおりだ。

今、世界はリーマンショック前夜によく似ている。世界同時株安だが、まだブラックスワンは現れていないと思われている。かく言う私もその一人である。

新型コロナウイルスの感染者が世界中へ拡大、その先行きが不透明なことに投資家は疑心暗鬼になっている。

肉眼で見ることができない微小なウイルスは、人の健康だけでなく、世界経済まで蝕む。20年2月最終週の1週間だけで、米国市場は12％の下落、３兆ドル（約３３０兆円）を失った。米国は全世界の株式時価総額の55％を占めている。世界中から巨額の富が消失したということだ。

金融不安でリスクオフになれば、より安全な資産へ資金は逃げる。株より国債、ドルより円というようにだ。**さらにリスクオフ傾向が進めば金（ゴールド）など現物資産が買われ価格が高騰する。**

新年度を迎えるころには倒産する企業が続出する

新型コロナウイルスについて、メディアによる第一報は19年12月31日。初の死者が発表されたのが、20年1月20日だった。このころから金価格は上昇を始め、2月24日には約15%の価格上昇でピークを迎えた。その後も世界同時株安は進み、金価格は上昇するものと思われた。

しかし、ピークから金価格が急落している。**世界中で株安が進む中での金価格下落は異常事態だ。**この現象は、株価の下落で現金が必要になった投資家や企業が金を売却しているからだと思われる。

安全資産へ逃避していた資金が、株式市場の損失穴埋めに駆り出されているのだろう。これは、資金の流動性リスクが高まっているということだ。

終息の兆しが見えない新型コロナウイルスの影響が、今後の経済にどのような影響をもたらすかを考えてみたい。

消費増税による個人消費の落ち込みで、景気後退の兆候が見られる日本は特に深刻である。

まず、中国に生産拠点を持つ企業、原材料や部品の供給を中国に依存していた企業へのダメージだ。次に、人の移動が激減することでサービス業は壊滅的な影響を受けるだろう。新型コロナウイルスの経済的影響が数字に表れだすのは、3月の決算期と考えられる。それまでに、個人商店や飲食関連、ホテル、旅館といった業種に倒産が相次ぐはずだ。新年度を迎えるころには、製造業や流通などの中小企業が次々と倒産し始める。金融機関は融資を渋り、不良債権が頻発するようになる。**こうなると、資金需要に対して供給が不足する〝流動性ショック〟と言える。**

平成バブル崩壊とリーマンショックの経験から、これからの予測はさほど難しくはない。残念なことに、私にはかつてない不景気の足音が聞こえる。

恐慌の前触れか。新型コロナより怖い実体経済への悪影響

（『週刊ＳＰＡ！』２０２０年３月24・31日号）

【地獄の釜の蓋も開く】地獄で罪人を煮る鬼も、正月16日とお盆の16日は仕事を休む。そのため、この日は地獄の釜の蓋が開くということだ。

２０２０年１月16日、日本国内で初めて新型コロナウイルスによる肺炎が確認された。そして、本稿を書いている20年３月８日の時点で、世界95か国、10万人以上の感染者が確認されている。

その中でも、韓国、イタリア、イランは感染者が５０００人超えと突出しているが、こ

の数字は検査によって判明しているものだけだ。潜在的な感染者がどれほどいるのかは、想像すらできない。

新型コロナウイルスについて、「インフルエンザと同じようなもので恐れる必要はない」という専門家の意見がある。

しかし、新型コロナウイルスの感染はいまだ進行中の現象であり、ワクチンも開発中である。いたずらに恐れる必要はないが、安易な楽観論には賛成できない。

投資の世界では、予期せぬ事態や危機的な状況が発生した場合「大げさに対応する」という鉄則がある。**BCM＝ビジネス・コンティニュイティ・マネジメント**という考え方だ。テロや災害、システム障害などが発生した際に、企業が重要な業務を継続できる方策をまとめたものが、**事業継続計画（BCP＝ビジネス・コンティニュイティ・プラン）だ。その中の戦略がBCMである。**

経営者も投資家も緊急時に事態を過小評価しては、取り返しのつかないことになりかねない。そのために、想定し得る最悪のケースに備える必要があるのだ。

新型コロナウイルスは世界中のヒトとモノの動きを止めてしまった。そして次に止まるのがカネだ。

これらの影響が実体経済に表れるのはもう少し先だろう。その前に金融の世界では、すでに影響が出始めている。

中国から音を立てて崩壊？　指標が示す恐慌の可能性

20年3月4日、FRB（米連邦準備制度理事会）は0・5％の緊急利下げを行った。米国債10年物の金利は1％を下回り、0・7％台で推移している。これは過去最低水準だ。

通常、利下げという金融緩和を行えば株価は上昇する。ところが、FRBによる0・5％という大胆な利下げにもかかわらず、米国株は下落を続けている。

これは、金利が一定水準を超えて低下すると、金融緩和効果が反転するというリバーサル・レートの理論に一致する現象である。

米国経済は、各種指標や企業業績で見るとまだ堅調と思える。しかし、新型コロナウイルスによって、遂にリセッション入りしたと考えたほうがいいだろう。

新型コロナウイルスの震源地であり、感染者数が最多の中国経済も深刻だ。ドルベースの輸出が1～2月だけで前年比マイナス17・2％である。次期の数字はさらに悪化することは間違いない。

現在、供給と需要は、米中日独英仏伊の7か国で世界の60％、製造業の65％を占めている。**いわゆる経済大国が新型コロナウイルスで混乱しているのだ。大国のくしゃみで、世界中が風邪をひくのは当然なのである。**

今のところ、供給側のショックが現れてきた程度だが、今後は需給側の影響が経済に出始めるだろう。**ヒト・モノ・カネが止まった世界を想像すると、新型コロナウイルスより恐ろしい。**

先物市場でも、需要減を見込んで原油価格が一日で10％下落した。産油国の経済にも大きなダメージである。

株式市場の下落を「高すぎた水準からのバブル崩壊だ」と評する者がいるが、私はそう思わない。

1929年の世界恐慌について、経済学の巨人と呼ばれたジョン・ケネス・ガルブレイスはこう評している。

「**当時の投資家は世界恐慌とバブル崩壊を間違えたのだ**」

まるで麻薬中毒。新型コロナが経済にもたらす破壊的な影響

（『週刊SPA!』2020年4月14日号）

スペインのフランシスコ・ピサロが、8万の大軍を僅か180人で打ち負かし、皇帝アタワルパを処刑するとインカ帝国は滅んだ。1532年のことである。

イラク戦争では、イラク側の死者が65万人に対して米軍は4500人の戦死者であった。**この圧倒的な戦力の差は文明の利器の一つである「武器」だ。**

ヨーロッパで銃が生産されるようになり、火縄銃がポルトガルから種子島に入ったのが

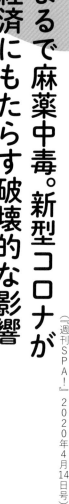

1543年。宗教改革を経て文明の転換期を迎え、時代は中世から近代となった。新しい文明を手に入れたヨーロッパ人が武器を手に、古い文明を征服する時代が訪れたのだ。

ピサロのインカ帝国征服は植民地時代の始まりだった。**こうして技術と政治が生み出す文明格差が世界を分断していくのである。**

ヨーロッパ人がアジアや北アフリカに持ち込んだのは、銃や暴力だけではなかった。病原体である。

鉄は農耕具となり作物の生産性を上げ、やがて武器となり、強大な国家が形成されていった。人類は武器を持って国家という集団による争いを続けた。新しい文明を手に入れた人類は、旧文明の人類を奴隷にし、戦争という殺戮を繰り返してきたのは歴史のとおりだ。

だが、武器を持つ人類より、多くの人間を殺す存在が「病原体」だった。

14世紀のペストは、ヨーロッパの全人口の3分の1にあたる2500万人もの命を奪った。

20世紀初頭には、スペイン風邪が世界中で猛威を振るい、4000万人以上が命を落とした。

20世紀後半になるとＨＩＶ（後天性免疫不全症候群）が現れ、これによって2500万人以上が亡くなっている。

医療の発達した現在でも、毎年インフルエンザが流行して数十万人の命を奪っていることを考えれば、病原体こそ人類の脅威だと言えるだろう。

成長の見込みがないのに株価が上がる異常事態の意味

そして現在、私たちは21世紀の脅威と対峙している。新型コロナウイルスの感染拡大による世界各国の様子は、まるでSF映画を観ているようだ。

国境が封鎖され、航空機が止まり、人のいない街は、戦争とは違う静かな恐怖に支配されているかのようだ。

日本では、本稿執筆時点（20年4月2日）では爆発的な感染が抑えられているように見える。だが、それも時間の問題だろう。

危機感のない東京を見れば、やがて倍々ゲームで感染者が増えると予測できる。

ニューヨークに駐在させているスタッフからは、緊張感の高まりが伝わってくる。世界の株式時価総額の半分以上を占める、米国が異常事態なのだ。

先日発表された米国の失業保険申請者数は328万件。前週比11・6倍という過去最悪の数字だった。経済が止まっている限り、この数字は上がり続ける。失業率は3・5％だが、夏までには10％を超えるだろう。それなのに、ダウ平均株価が上昇する異常な相場は、恐ろしい未来を映している。企業の業績も成長性も見込めず、倒産の危機さえあるのに株価が上がっているのだ。

これは、無制限の量的緩和でドルが供給過剰になり、市場へ逆流しているということだ。深刻な病状の患者に、根本的な治療を施さず、覚醒剤を打ち続けているようなものである。

やがて、それも効かなくなり、本来の寿命さえ縮めるのだ。その時の苦しみは尋常ではないだろう。

人類は未知のウイルスを甘く見すぎたのだ。

「おそらくはいつか、人間に不幸と教訓をもたらすために、ペストが再びその鼠どもを呼びさまし、どこかの幸福な都市に彼らを死なせに差し向ける日が来るであろうことを」

（アルベール・カミュ『ペスト』）

特定の業種だけ優遇の愚策。GoToに見る政府の無策ぶり

（『週刊SPA!』2020年8月4日号）

Go Toトラベルキャンペーンが当初予定されていた2020年8月から前倒しとなり、7月22日から開始された。新規感染者が増えている東京は対象外だ。

予定が早まったのは、7月23日から始まる連休を見込んでの対応である。**よほど、旅行・観光業界からの強い要請があったのだろう。**

「官民を挙げた経済活動の回復」という政府の幻想が生んだ愚策である。

旅行・観光業界の市場規模は大きい。そこから波及する生産や消費といった付加価値効果も莫大だ。雇用にも大きく寄与しており、その効果は日本の総雇用の6％以上を占めている。

その旅行・観光業界は、新型コロナウイルスの感染拡大により壊滅的な状況だ。

だが、壊滅的なのは旅行・観光業界だけではない。個人商店から大企業まで、あらゆる業種が危機的状況にあるのだ。特定の業種だけを優遇するのは違和感がある。

わかり切ったことだが、危機の原因は新型コロナウイルスである。自然災害と違い、回復の見通しも計画も未知という状態だ。

まず、私たちが自覚すべきは二度と元通りの世界に戻れないという事実である。

新型コロナウイルスは、人類と文明に転換を求めているのだ。個人の生活スタイルも、産業や企業の構造も変革を迫られている。

企業が存続するために必要なのが、収益性・成長性、そしてファイナンス（資金繰り）だ。

極論だが、ファイナンスができている限り、売り上げがゼロでも企業は倒産しない。いわゆるゾンビ企業というやつだ。

平成バブル崩壊後、政府や銀行の支援で存続し続け、負債だけを増やしていったゾンビ企業がたくさんある。それらゾンビ企業が、将来性ある企業の成長を阻んできた。企業版の老害とも言える。

助成すべきはコロナ後でも生き残れる産業への構造転換

新型コロナウイルスに起因する危機的状況は、外部要因である。経済環境の悪化による業績低下は責められるものではない。

ただ、だからといって国家が民間企業の存続を際限なく支援するのは間違いである。

「守るべきは雇用だ」「このままではコロナ死よりも経済死が増えてしまうのでは」もっともなご意見だが、本質的な問題を無視して、長期的な視野が欠けている。

有効なワクチンと治療薬が完成しない限り、新型コロナウイルスの脅威は続く。それには数年が必要だろう。

現段階で経済と感染拡大防止の両立は不可能なのだ。経済を優先させれば感染が拡大して、再び経済が停滞するという無限ループに気づくべきである。

雇用のためにハコ（企業）を存続させるより、国民一人一人の生活を守ることが重要なのだ。

Ｇｏ Ｔｏトラベルには１・６兆円の予算が投入される。一時的には、助かる企業と人がいるだろう。あくまでも一時的な効果だ。

長期的な視野で考えるなら、旅行・観光業界だけでなく、あらゆる産業が、コロナ時代でも収益と成長を続けられるように構造転換を助成すべきなのである。

全国で新規感染者が増えているこの時期に、旅行を活発化させようというのだ。どうかしているとしか思えない。

移動の制限で感染拡大を抑えてきた努力は何だったのかと疑問に思う。

消費を刺激して経済を活性化させたいなら、消費減税を実行すればいい。現金給付と同じ効果があり、消費も増える。

複雑で期待値の低い政策より、単純明快な減税が一番だ。

過去、人類は幾度も感染症による脅威に晒されてきた。その度に、文明と社会のシステムは進化を続け、今日の世界がある。

この危機を乗り越えれば、21世紀のルネサンスが訪れるはずだ。

国をまたぐ投資案件には要注意。流行する投資詐欺の手口を公開

（『週刊SPA！』2020年11月17日号）

コロナバブルもいよいよ終焉が近い。

2019年の大晦日に新型コロナ最初の報道があってからおよそ10か月。感染拡大による経済的混乱を回避するため、各国が金融緩和で維持してきた市場も限界のようだ。

スペインは一日の新規感染者が2万3000人以上となり、緊急事態宣言を21年5月まで延長する。ドイツも部分的にではあるが2度目のロックダウンを決定した。

フランスも2度目のロックダウンに踏み切

り、イギリスはイングランドの封鎖に踏み切った。

フランスは黄色いベスト運動とそれに伴う暴動の最中、コロナ禍に見舞われた。そして、2度目のロックダウンとともに、新たな火種が持ち上がった。預言者ムハンマドの風刺画を巡る、イスラム教とフランスの対立の再燃である。

なぜこの時期にシャルリエブドとマクロン大統領が、イスラム社会に喧嘩を売るのか理解できない。

もちろん、表現の自由は保障されるべきだ。だが、法の範囲なら何をしてもよい、というものではない。これは法を超えた教養や道徳の問題である。

表現の自由は法で保障される権利であって、宗教や信仰心への挑戦に利用するものではないはずだ。

フランスはコロナとイスラム、両方と対峙することになった。今や人類の4分の1がイスラム教徒である。フランス国内にも多く存在している。

フランス政府の対応いかんによっては、今後イスラム過激派によるテロが多発する危険性を孕む。

一方、大統領選挙で混迷を極めるアメリカでは、一日の新規感染者が10万人を超えた。市場もリスクの再評価を始めたのか、ニューヨーク市場では連日株価が下落、1週間で約２００兆円が消失した。

日本でも猛威を振るうポンジ・スキームとは？

グローバルリスクの高まりを受け、国際的な詐欺事件が流行している。日本国内でも投資にまつわる詐欺が目立つようになった。

特に高配当を謳って出資金を集める〝ポンジ・スキーム〟が多い。

ポンジ・スキームは、20世紀初頭、アメリカで活躍した詐欺師、チャールズ・ポンジの考案した手法をいう。

ポンジは、国際間で売買される切手の交換レートと為替レートの差額を利用して、利ザヤを得る方法を思いついた。いわゆるアービトラージ（裁定取引）**である。**

ポンジはなんと月利10％以上という高配当をエサにカネを集めた。１００万円を出資すれば毎月10万円、１年間で１２０万円の配当だ。**常識的に考えれば、こんな話があるわけがないと気づくだろう。**もしそれが可能なら、他人からカネを集める必要などないのだ。

だが、人間とは欲望の前で理性を失う生き物である。次から次へと出資者が現れ、集めたカネはそのまま配当に回された。

ポンジ・スキームは新しい出資者がいる限り破綻はしない。自転車操業でも配当が続く限り出資者は現れる。だから破綻したときの被害額が大きいのだ。

最近、日本ではFXで運用益を配当するというポンジ・スキームがはやっている。月利3％という高配当を謳い、300億円以上を集めている会社もある。

シンガポールで運用しているという説明だが、調べたところMAS（シンガポール金融管理局）にはこの会社の届け出はないようだ。

投資詐欺の特徴として、運用拠点が国外となっていることが多い。金融取引がグローバル化された現在、あえてリスクの高い国外で金融取引を行うメリットは低い。**これの真の狙いは法空間をまたぐことで実態を隠し、事件化を困難にさせるためだ。**

出資の方法がLLC（合同会社）など特殊な形態だと要注意。出資法の規制を免れ、出資金を集める手段としか考えられないからだ。

いま一度、肝に銘じていただきたい。うまい話などないのである。

新型コロナが炙り出した資本主義の脆弱性

（『週刊SPA!』2021年1月12・19日号）

明けましておめでとう、とは言いづらい年明けである。

2020年は新型コロナに始まり、新型コロナで終わった。

振り返ると、予定されていた東京オリンピックは延期となり、緊急事態宣言で日常が止まるなど暗いニュースばかりである。日本だけではない。世界中でロックダウンが繰り返され、人びとは部屋に引きこもった。

そして、**未知のウイルスに対して情報過多となり社会は混乱した。情報のオーバーロー**

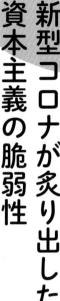

ドだ。

中でも、新型コロナはただの風邪、インフルエンザと同じだなどと、無責任な情報発信が合理的な判断を邪魔した。

確かに死者数だけで比較すれば、インフルエンザと同じようなものである。ならどうして医療崩壊の危機になるのだろう。

重症患者の集中治療室占有時間が長いこと、それに伴う医療従事者と医療機器の不足が大きな原因である。**なにより新型コロナは未知のウイルスで感染拡大は現在進行中の事象なのだ。情報に惑わされず、客観的・合理的に判断することが重要である。**

自粛期間中も私自身はいつもと変わらぬ生活を続けたのだが、必然的に人と会う機会は減っていった。

もともと、一人の時間が好きなほうで、読書をしたり、お菓子作りに挑戦するなど自粛ムードを楽しんだ。静寂の支配した都内に身を置く非日常も新鮮であった。

大型自動二輪の免許を取得できたのも、新型コロナで自由な時間ができたからだ。自由の究極は孤独である。孤独を楽しむことで自由は最適化できるのだ。

新型コロナによって露呈したのは、グローバリズムと資本主義の脆弱さであった。高度で完成したシステムが、実は非常に脆いものだと皆が気づいたはずだ。

実体経済と金融市場の乖離は拡大。その行く末とは

さて、2021年はどのような年になるだろう。欧米ではワクチン接種が始まり、事態収束への期待が高まっている。

私はワクチンに懐疑的という立場だ。もちろん、一定の効果はあるだろうが、研究開発が必要だと思っている。ウイルスも変異しながら感染力を高めるだろう。

そして、世界中が待ち望んでいたワクチンは、人類に希望と格差の拡大をもたらす。**特にアフリカなど発展途上国や紛争地域では、ワクチン供給が困難となる。**

2020年、世界の経済成長率はマイナス4・5%と予測されており、それはリーマンショック後の世界金融危機どころではない。

先進国といえども発展途上国や貧困国を救う余裕などないということだ。

IMF（国際通貨基金）は現在の状況を「第二次世界大戦以降で最も深刻な景気後退へと向かっている」と表現した。そのとおりである。

資本主義とは投資すれば利益が得られるという欲望の上に成立するシステムである。GDPのマイナス成長とは、資本主義にとって致命的ということだ。

一方、世界各国の財政出動と金融緩和により、かつてない金融相場が形成されている。金融経済と実体経済の乖離は広がるばかりだが、この状況はまだ継続する。

経済成長がマイナスでも、大量に資金供給すれば株価は上昇するという実験的な経済は興味深い。

いわゆる**過剰流動性＝バブル**なのだが、実体経済の急激な悪化を避けるためには仕方がないだろう。

家庭に例えるなら、収入は減ったけれど借金で以前より派手な生活をしているような感じだ。

新型コロナの感染拡大が続く間は、財政出動と金融緩和は止められない。金融相場は継続するが、それもいずれ頂点に達し下降を始めるはずだ。

感染による影響と同じく、経済に対するダメージも日本は他国に比べて、それほど大きくないと予想している。

新型コロナ＝インフル論に覚える違和感の正体とは？

（『週刊SPA！』2021年1月26日号）

再びの緊急事態宣言である。

新型コロナの猛威は一向に収まる気配がなく、感染者は世界で8800万人、死者は191万人を超えた。その致死率は2％以上だ（21年1月時点）。

ロンドンでは重大インシデントが宣言され、感染拡大が制御不能に陥っている。

米国では新型コロナの死者が増えたことで、平均寿命が第二次世界大戦以降最大の落ち込みとなった。東京でも連日2000人以上の新規感染者が発生し、医療現場は事実上崩壊の危機にある。

ところが、1年間の新型コロナ禍を経験しておきながら学習できない人たちがいまだに多い。**いわゆるコロナはインフルエンザ論の人たちだ。**これには驚きを通りこして呆れるばかりである。

医療崩壊の定義にとらわれ、医療現場の実情さえ認められないのだ。自らの誤りに気づけないことは悲しく愚かだとつくづく思う。

彼らに共通するのは合理的・相対的に判断する能力に欠けている点である。果たしてこの1年間、何を見てきたのだろうか。

そして、彼らは口を揃えて感染拡大の抑制だけでなく、経済も回せという。**しかし、感染拡大の抑制と経済活性化は両立しない。**

経済活動を優先させれば感染が拡大して、結果的により大きな経済的損失が出るのだ。この1年間がその事実を証明している。

それともう一つ、新型コロナを死者数で評価することにも違和感を禁じ得ない。中には、高齢者の死について、新型コロナ感染症でなくとも死んでいた年齢だという乱暴な意見まである。

新型コロナは高齢者や基礎疾患のある者ほど重症化リスクが高い。

それら弱者の感染リスクを無視するなら、それはもう先進国とは言えないだろう。

後手後手に回る菅政権の対応。投資目線の対応が必須

また、新型コロナを過大評価して経済を停滞させれば自死が増えるという人もいる。**確かに経済で人は死ぬ。そしてそれを減らすことができるのが政治だ。**しかしながら今の政府にその能力があるとは思えない。

昨年の緊急事態宣言のときに徹底した対策をしていれば、現在の危機的状況は避けられたはずだ。

自粛要請期間を延長し、その間の入国制限を厳格にすべきだった。それと同時に医療リソースへの投資を集中させ、第二波に備えておけばよかったのだ。

新型コロナの最前線で闘うのは医療従事者である。その待遇改善と人員確保を怠ったのも失敗だったと言えるだろう。

新型コロナは人体に与えるダメージより、社会の機能を麻痺させ、システムを破壊することが脅威なのである。**死者数で新型コロナを評価し本質を見失うのはここなのだ。**

私は新型コロナを投資目線で見ている。今は想定以上のリスクに対して、最大限のダ

メージコントロールが必要なときだと考える。損失の拡大を防ぎ、必要な場所に資本を集中投下するのだ。目先の損失や利益にこだわらず、長期的な戦略を立てる。そのためには現状の正しい評価と合理的な判断が重要であるのは言うまでもない。

政府が行う後手後手の対応は経営能力が低い町工場のおやじと同じだ。設備投資をケチって機械の故障が度重なり、停止と稼働を繰り返す最悪のパターンだ。

そうして大きな損失を出し、結局は設備投資より費用が嵩むことになる。そのうえ、損失を取り戻そうと短絡的な製品開発で損失を拡大するのだ。

この町工場にはもう一つ問題がある。古い従業員の立場が強く、経営方針の転換ができないのだ。

投下資本の回収と目先の利益を求めて迷走する政府は、巨大な町工場なのだ。

株、為替、仮想通貨まで。コロナが生む投資熱への罠

（『週刊SPA！』2021年2月9日号）

緊急事態宣言で外食の機会が激減した。前回と違い20時までの時短営業を実施する飲食店が増えたからだ。一日6万円の協力金は効果があったということだろう。

おかげで、クレジットカードの利用額は前月比10分の1ほどに抑えられている。このことからも、個人消費は想像以上に落ち込んでいるものと思われる。

飲食店に支払われる一日6万円の協力金については、当たり前だが店の規模によって満

足度が違う。

1人や2人で細々と営業していた飲食店にとっては、まさに棚からボタモチであるようだ。

「ずっと緊急事態でいてほしい」

近所にある夫婦経営の喫茶店は、20時までの売り上げと6万円の協力金で過去にない利益を手にし、大喜びしていた。パパママ・ストアバブルである。経済活動は停滞しているのに、公的な資金の投入で起きた局地的な現象だ。

株式市場も同じである。世界中で新型コロナの感染が拡大する中、**冷え込む実体経済をよそ目にダウ平均株価は史上最高値を更新し続け、日経平均も平成バブル崩壊後30年ぶりの高値を記録した。**

アナリストや経済評論家は、アフターコロナで日経平均4万円だとか、ワクチンで一気に経済回復するとか、まるで証券会社の手先みたいな煽り方である。

そこに株、FX、仮想通貨の取引所まで派手なCMで新規参入者を誘い込む。投資をしていない人は時代遅れだと言わんばかりだ。

新型コロナで先行きが見えず、将来に不安を抱えた人たちは、この波に乗り遅れまいと投資を始めているようだ。

迷える子羊がオオカミの待つ草原へ一直線の様相である。

ビットコインは1BTC420万円を超え、そこから僅か2週間で100万円も下落した。420万円で初めてビットコインを買った人もいるということだ。

実体経済をよそに株高が起きる理由とは？

この人たちは、実体経済が冷え込んでいるのに株価が上がる理由を説明できるのだろうか？　新たに投資を始める人もこれだけは最低限理解しておくべきだ。

答えは簡単である。**過剰流動性による「資産インフレ」が起きているからだ。つまりは金融バブル**である。

新型コロナの感染拡大による経済危機を避けるため、世界中の政府と中央銀行が、ジャブジャブと市場に資金を供給している。

大量に供給される資金は、やがてカネ余り状態を引き起こす。そのカネを現金で保有しておいても何も生まない。

そこで、利益を得ようと国債や株式市場に投資されることになる。感染拡大が進行しても、経済対策がなされるだろうという期待から、さらに株価が上昇するという展開なのだ。

そしてもう一つ、株価上昇を支えているのがワクチン期待である。アナリストや経済評論家の強気相場継続もこのワクチン期待からだ。

だが、その相場観はワクチンで新型コロナが収束するという前提のものだ。確かにワクチン接種が普及すれば、経済回復への期待は高まるだろう。感染拡大にも相当な効果が見込める。

だが、私はワクチン供給の遅れや、ワクチン効果の薄い変異種の出現などで期待どおりにはならないと予測する。

それに、**ワクチンの普及で経済回復の兆しが見えれば、金融緩和の終了**（テーパリング）**が意識されるのだ。これは、株高の根拠が失われる**ということである。

各国政府と中央銀行は、量的緩和で市場の水準を保ちながら、実体経済がそれに追いつくのを待つ戦略だ。しかし、現実はその逆になるだろう。

証券会社は顧客が得をしようが損をしようが関係ない。手数料さえ入ればそれでいいのだ。カモはいくらでもいる。

証券会社は競馬や競輪のノミ屋と同じなのだ。

第3章

アフターコロナを生き抜くための投資哲学

〝アフターコロナ〟と言うと、まるで「禍」が去った後の安寧を取り戻した世界を想起する人もいるだろうが、残念ながらそうはならないだろう。前章でも書いたが、「禍」はこれからが本番であり、カタストロフィー級の衝撃が世界を覆い尽くす可能性が極めて高い。たとえばそれは、これまで経験したことがないような「大恐慌」だ。そうなればコロナで命を落とした人よりも遥かに膨大な数の屍が累々と横たわることになるはずだ。

パンデミックの真っただ中、世界は膨大な「前借り」をすることで辛うじて金融システム、社会システムの崩壊を先送りにしてきた。世界はそのツケをどうやって返すつもりなのか。返せるのか。

アフターコロナの世界を生き抜いていくには、とにもかくにも「最悪」を覚悟することだ。根拠なき楽観論は捨て去って現実を直視し、腹に力を込めて、その現実を合理的に評価し、判断する。それは国家も企業も個人も同じことだ。しんどい作業かもしれない。だがそこからしか光は見えてこないだろう。暗黒の世界はすぐ目の前まで迫っている。

と、お先真っ暗なことばかり書いてしまったが、アフターコロナの時代がどうなるかを現段階で予想するのは非常に難しいものがあるのも事実だ。世界がワクチン接種による集団免疫を獲得するのはいつになるのか。ウイルスの変異、世界的な経済危機、分断された大国アメリカの行方、中国との覇権争い、いつ火を噴いてもおかしくない中東情勢、環境問題……。コロナ前から世界は多くの不確定要素を抱えていたが、コロナ禍がそれに拍車をかけた。世界はますます混沌を極め、不確実性がかつてないほど高まっている。でも、そこがアフターコロナのスタート地点だ。

それでも私は1年以上にわたる自粛生活を送る中で、ある「希望」も感じていた。それは日本だ。パンデミックという非常事態は、図らずも、他国にはない日本という国の可能性を炙り出してくれたように思うのだ。

コロナが社会や人びとの価値観を大きく変えたのは事実だろう。これまで有料だったものが無料に、無料だったものが有料になったものも多くある。テレワークによって長時間の通勤や会議、オフィスの高すぎる家賃などがいかに無駄なものであったかが露見した。こうした例は数え上げたらキリがない。あれだけ強かったアメリカが、国民の分断によって内部から崩れかけていることも明確になった。コロナ下、欧米ではデモが頻発し、余計にウイルスを蔓延させる結果を招いた。中国は独裁的な強権でコロナ封じ込めにいち早く成功し、経済復興を成し遂げたかに見えるが、それによって国家による国民の監視体制は一層強化されることになった。

翻って日本はどうか。政府の失政もあり、ネット上には日本の悪口が溢れ返っているように見える。古い体質だの旧態依然だの、デジタル後進国、国民軽視の政治など、マイナスワードのオンパレードだが、果たして本当にそうなのか。もっと現在の日本が置かれた立ち位置を合理的に評価すべきではないのか。

結論から言ってしまえば、アフターコロナの時代、日本は大復活を遂げる好機だと思う。大きなポテンシャルが日本にはあるのだ。そこに気づくべきだ。「何をバカなことを」と思われるかもしれないが、コロナの現状を冷静に見てほしい。感染者の数も、死者数も、ロックダウンをした欧米諸国よりも日本は圧倒的に少ない。理由はさまざまあるだろうが、やはり日本人の国民性としっかりとしたガバナンスが大きいだろう。これまでは罰則もなかったのに、国民の9割9分がマスクを着け、飲食店は時短要請に従い、自発的に巣ごもり生活を続けてきたのだ。国民全体に相当なストレスが蓄積していたはずなのに、街は基本的に治安が保たれ、大きな騒乱もない。2回目の緊急事態宣言下では多少の緩みが見られたとは言え、極端な逸脱は起こっていない。こんな国はほかにないだろう。

私はこれまで70か国以上を巡ってきたが、日本は奇跡のような国だといつも感じてきた。誰に強制されたわけでもないのに、街は常に清潔で安全に保たれ、行列に割り込む人もいない。法の執行能力も高く、公平性が極めて高い水準で維持されている。世界を巡ってみればすぐにわかることだ。

コロナ禍という異常事態の中で見えてきた日本の優位性はほかにもたくさんある。たとえば日本には100年以上も続く老舗の会社、商店の類いが相当な数、今も生き残っている。効率化を追い求める資本主義の原則からすれば不可思議な現象に思えるが、紛れもない事実であり、現実だ。古いから、旧態依然だからこそ生き延びるものもある。それが伝統の力だ。

先行き不透明なアフターコロナの時代、「変化」に対応していくことはもちろん重要だが、私は揺れ動く時代だからこそ、これからは「変わらないもの」「伝統的なもの」「普遍的なもの」「根源的なもの」が再評価され、大きな力を発揮するようになると見ている。バスキアの絵が何十億円という値をつけようが、数百年もの年月を経てもなお人びとを惹きつけてやまないモナリザの絵の普遍的な価値に太刀打ちできるとは思えない。ヴェートーヴェンの音楽は生誕250年たった今も一向に色褪せることなく、私たちの心を豊かにしてくれる。今はやっている音楽で100年後も残っているものが果たしてあるだろうか。

日本は皇室をはじめ、伝統の宝庫のような国である。古い神社仏閣ばかりではない。物作りの伝統もある。長い歴史の中で培われてきた協調的な国民性があり、秩序がある。伝統という「核」さえ捨て去らなければ、日本は必ず蘇るはずだ。

そんなことを頭の片隅に置いて第3章を読んでいただければ、アフターコロナ時代の経済やカネとの向き合い方、投資の心構えの本質がわずかながらも見えてくるのではないだろうか。

元暴力団組長が考える経済学の〝本質的な意義〟

（『週刊ＳＰＡ！』２０１９年５月28日号）

ネコノミクス宣言の連載がついに２０１９年、４年目に突入した。この３年間は、日々の出来事やニュースをもとに思うままを書いてきた。

いわゆるエッセイというものは、筆者の自由な文章だからそれでよいのだろう。

だが、３年間も自由気ままに書いてきて、この先もそんなのでよいのか、と自問自答してみた。

そして、ネコノミクス宣言の方向性と、私自身が何を書きたいのかを改めて考えた。

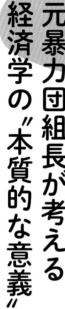

私の専門とする分野は経済で、その中でも特に金融・投資が得意とするところだ。ならば、専門とする分野に特化した記事で、少しでも読者に楽しんでもらえるなら、それに越したことはない。

ネコノミクスとは、私が好きな猫とエコノミクス（経済学）を合わせた造語であり、経済を扱う記事は自然でもある。

経済学が投資や日々の暮らしに直接役立つとは言えない。だが、経済の基礎や金融（お金）の本質を知ることは、とても重要なことなのだ。

「経済」の語源は「経世済民」である。これは、政治・政策によって人びとを助けようという意味だ。

そして、**学問としての経済学とは、複雑な社会の事象を単純化・分析することで、人間が生きていく最良のシステムを探ろうというもの**である。

経済学は希少なもの（資源・価値）を対象に、人間の目的や行動を研究するのが出発点だ。希少なものとは文字通りまれなもの、数少ない有限なもののことだ。この希少なものが、必要とされる量に比べて少ないときに希少性が生まれる。

人間の行動は損得勘定で決定されている。したがって経済は人間の欲望によって動くということだ。

人間が欲望の赴くまま希少なものを求めると争いが起きる。そして、国という組織単位で資源（希少性）を奪い合うと国家間の戦争になるのだ。

この問題を分析し解決方法を考えよう、というのが経済学の原点なのである。

人類最古の職業にみる損得勘定のメカニズム

個人や国家が希少なものを奪い合わず、公平に手に入れる手段を見つけられたら、それが社会全体にとって最も「得」と言える。

社会全体が得をしている状態を、経済学では効率的な状態という。そして最も効率的な状態を基準に、現在の社会がどのような状態にあるかを判断するのが経済学だ。

人間の行動は損得勘定で決定されると書いたが、これをインセンティブ（刺激・動機）という。

インセンティブが人間の行動を決定し、経済にどう影響するかを理解するには、損と得を分析しなくてはならない。それに必要なのが、費用と便益という考え方だ。

現代社会で人が生活するのに欠かせないものが「お金」である。そのため、人は働いたりモノを売ったり、サービスを提供してお金を得るのだ。

人類最古の職業は売春である。費用と便益について、売春をモデルに説明しよう。

一回2万円で性というサービス（価値）を提供する売春婦がいる。客は2万円で、性的な快楽という満足を得る。**これが便益（得）**だ。その快楽によって失う2万円が**費用（損）**である。

一方、売春婦は身体的、場合によっては心理的苦痛（費用＝損）と引き換えに、2万円という（便益＝得）を得る。**この売春婦と客は性（価値）とお金を交換することで、互いのインセンティブを満足させ、得をしたことになる。**

この交換でわかるように、費用なしに便益は得られない。**大事なのは費用より便益が大きいと思われたときに、人はインセンティブを得るということだ。**

世の中、タダでいい思いはできない。これを経済学では「**ノーフリーランチの法則**」という。費用と便益の交換こそ、根本なのだ。

発信源は香港？ビットコイン価格が乱高下するメカニズム

（『週刊SPA!』2019年7月16・23日号）

先日、経済評論家の渡邉哲也さんのお母様が鬼籍に入られた。お母様とお会いしたことはないのだが、葬儀に参列させていただいた。

私は葬儀へ出る度に、子供のころ近所のお坊さんから聞かされた説法を思い出す。

隣町の葬儀へ出向く人を上品（じょうぼん）、近隣の葬儀へ参列する人を中品（ちゅうぼん）という。隣家の葬儀にさえ出ない者は下品（げぼん）の人というそうだ。

小学校の低学年であったので、細部の記憶

は曖昧だが、今も心に残る話である。

人は生まれたときから死に向かって生きている。人生の最終目標とは死ということだ。

さて、俗世ではビットコインが高騰し、仮想通貨が再び注目を集めている。各方面から高騰の原因についての取材も増えた。

ビットコイン価格の上昇原因は至ってシンプルだ。売る人より買う人が多いからである。需要と供給の法則だ。**急激な需要増の原因は、逃亡犯条例で混乱の続く香港が大きい。**香港から資産を国外へ移転する「**逃避需要**」である。

価格が高騰したからといって、ビットコインの本質的価値が上がったわけではない。ビットコインを金融資産として捉えるなら、ファイナンス理論によって理論価値を算定する必要がある。

この場合、**NPV（Net Present Value＝正味現在価値）**を求める計算式を使う。

将来受け取れるキャッシュインフロー（利子・配当）の現在価値からキャッシュアウトフローの現在価値（投資額）を差し引いた数値がNPVだ。このNPVはあらゆる投資の採算性を測る指標であり、投資判断基準として有用なものである。

仮想通貨の本源的な価値はゼロとするBISの報告書

株式には、PER（株価収益率）やPBR（株価純資産倍率）といった株価の尺度がある。これが価格水準を判断する材料となるのだ。

ビットコインには将来受け取れる配当も利子もまったくない。だから、株式のように配当割引モデルを適用した価格算定も不可能だ。

つまり、NPV＝0ということになる。**ビットコインには理論的な価値は存在しないということだ。**

BIS（国際決済銀行）の報告書によると「仮想通貨の本源的な価値はゼロである」と結論づけられている。

ビットコインに価格がついているのは、**法定通貨に交換できるという安心感と「価格が上がるかもしれない」という投機的期待からでしかない**のだ。

ビットコインの価格が高騰する原因は、先にも述べたとおり需要と供給の法則に基づいたものである。その根底には、経済学のテーマでもある「希少性」によるところが大きい。

ビットコインの発行上限は2100万枚と決まっている。2028年には、その発行上限の98％に到達する見込みである。

ビットコインのシステムを成立させているのは、マイニングという「取引データの承認作業」である。マイニングには膨大な電力と高性能なコンピュータが必要だ。

マイニング業者はこの作業によってリワード（報酬）をビットコインで得る。ビットコインのシステムは、**リワードがコストを上回ることで成立**しているのだ。

では、発行上限が最終局面を迎えるとき、マイニングによるリワードはどうなるだろう？

それまでには、競争激化によってマイニング業者が淘汰され、コスト（電力）の低い業者が独占する事態が起きるだろう。

これが、**少数のマイニング業者で過半数の承認作業を独占する「51％攻撃」の可能性である。**企業の乗っ取りと同じように、意思決定できる過半数が、悪意を持つことも考えられるのだ。

「イノベーションは創造的破壊をもたらす」

経済学者シュンペーターの言葉である。

バブルを彩った仕手の頂上決戦 加藤暠vs江副浩正の顛末

（『週刊ＳＰＡ！』２０１９年９月17・24日号）

リクルートＨＤの名前が派手に新聞・テレビで報道されるのは久しぶりだった。メガバンクなど13社が保有する同社株を、一斉に売却するというものだ。その数、発行済み株式の約７％。時価総額で３８００億円にも上る。発表を受けた翌日、リクルートＨＤ株は前日比で８％下落した。

不祥事が発端だった。グループ企業のリクルートキャリアが運営する就職情報サイト「リクナビ」で学生の内定辞退率を算出、そのデータを企業に販売していたことが発覚したのだ。これは、**本人の同意を得ないまま情報を第三者に提供することを禁じた個人情報保護法に違反する。**

リクルートキャリアは、内定辞退者の属性や行動パターンに関する情報をＡＩによって分析し、そのデータを提携企業に販売していた。**企業にとって内定辞退者の傾向と辞退率は、優秀な人材を効率的に確保するための重要な情報なのである。**

リクルートＨＤの前身であるリクルート社が世間を騒がせたのは、バブル真っ盛りの１９８８年のことだ。

リクルート社の創業者・江副浩正が、グループ企業であるリクルートコスモス社の未公開株を政治家や官僚などへ譲渡、贈賄容疑で逮捕された一件である。**江副浩正からリクルートコスモス株を譲り受けていた政治家は90人以上、当時の竹下内閣が総辞職に追い込まれるなど、一大スキャンダルとなった。**

リクルート社は、不動産会社のリクルートコスモス、金融会社のファーストファイナンスというグループ会社を擁していた。

土地と金融、まさにバブルの花形であり元凶とも言える、二大業種を営んでいたのだ。

〝江副ダラー〟と呼ばれた圧倒的な資金力で市場を翻弄

長期的に相場が上昇する局面には、**金融相場**と**業績相場**がある。金融緩和でダブついた資金が株や土地に向けられ、実勢を無視して上昇するのが金融相場だ。今の日本がこの状態なのだが、行きすぎるとバブル相場となる。

江副浩正が率いるリクルート社は、バブル相場を背景に土地と金融で儲けまくった。リクルート社だけではない。当時の日本企業はこぞって土地や株で儲けていた。

企業とは主力事業で持続的に利益を上げ、成長していくのが本来のあるべき姿勢である。ところが、バブルは企業にその理念や使命を忘れさせてしまった。

とはいえ、バブル相場において資本効率の観点から土地や株への投資が合理的であったことは否めない。また**リクルート事件ばかりがクローズアップされる江副浩正だが、ベンチャー起業家としての評価は高い。**

そして、株の世界でも〝仕手の大物〟という顔を持つ。江副浩正の仕手戦における手法は、圧倒的な資金力による徹底した売りスタイルである。

バブル崩壊後、冷え切った市場でひと際目立ったのが、兼松日産農林の仕手戦だ。

買い方の加藤暠に対抗して、売り方に参戦したのが江副浩正その人だった。

兼松日産農林の仕手戦は、間違いなく平成一番の仕手戦であった。

95年3月に389円だった同社株が、3000円を超えたところで私は売りで参戦した。

当時、「江副ダラー」と呼ばれた江副浩正の資金力に賭けたのだ。

まだネット証券など普及していなかった時代、日経クイックの端末に張り付いて勝負を見守った。

しかし、売っても売っても株価は上がる。貸株はなくなり、現物株を借りてきて、とことん売り込んだが焼け石に水だ。

私が惨敗して撤退した後、株価は5310円をつけて急落した。

売り抜けた加藤暠と、空売りを買い戻した江副浩正は、もちろん大儲けである。

平成の大勝負に、私たち小僧の出る幕はなかった。

「お金持ちになる方法は？」と聞かれた時に返す組長流の真理

（『週刊SPA！』2019年12月17日号）

今年も交響曲第九番を聴く時期となった。早いものである。

師走の風物詩とも言える第九だが、これほど演奏されるのは日本だけである。

第九で思い浮かぶ大合唱のメロディ「歓喜の歌」は最終楽章である。最初から聴くとおよそ1時間かかって、やっと聴けるのだ。

ルートヴィヒ・ヴァン・ヴェートーヴェンは、1770年12月16日にドイツのボンで生まれた。来年は生誕250年を迎える。

これだけの時を経ても世界中で愛されてい

ることは奇跡だろう。**現在の楽曲が250年先に残っているかを想像すればよくわかる。**

クラシックの素晴らしさはその普遍性にある。西欧文化の中で政治や経済の影響を受けながら、日常に溶け込んできた普遍性だ。

ヴェートーヴェンをはじめ、多くの音楽家を輩出したドイツも芸術が日常にある。**地方の小さな街にも劇場があり、地元オーケストラの演奏が気軽に楽しめる。**

私はベルリンからバイエルン州のホーフへ車を走らせた。福島出身で音楽家の本田仁さんにお会いするためだ。ホーフを訪れるというのも旅の目的のひとつだった。

本田さんとは今年の8月に福島で食事をした。その時、ドイツのご自宅へ誘われたのだった。

ベルリンからホーフまでは約350kmの距離である。アウトバーンを飛ばして3時間半ほどで到着した。

ホーフは人口4万5000人ほどの小さな街である。チェコとの国境とは10kmほどしか離れていない。とても穏やかで美しい街だ。

本田さんはドイツの音大に留学してから35年もこの地で生活している。現在はホーフ交響楽団にヴィオラ奏者として在籍している。

ドイツの音大で知り合い、結婚した奥様もピアニスト。娘さんはヴァイオリニストという音楽一家である。

「似ているけど、毎回違う」オーケストラと相場の類似性

本田さんのご自宅には、ドイツで活躍する若い音楽家たちが集まっていた。西村わか菜さんは、本田さんと同じホーフ交響楽団でヴァイオリニスト。ご主人の壮司さんはフリーのコントラバス奏者として活躍している。わか菜さんの演奏するチャイコフスキーのヴァイオリン協奏曲は素晴らしかった。

荒木夏奈さんは、ホーフから北へ50kmほど離れたグライツという街のフォクトラント・フィルハーモニー管弦楽団に所属するコントラバス奏者だ。

プロの音楽家に囲まれ、生演奏を聴きながらとる夕食は格別であった。オーケストラの奏者は、各自が要求された音を正確に提供しなければならない。再現性の高さが求められるのだ。

絵画は描かれた時点で完成だが、音楽は演奏されて初めて芸術作品となる。同じ曲でも楽団、指揮者によってまったく違う作品になる。その微妙な違い、指揮者、奏者のクセまで楽しむのがオーケストラの魅力なのである。

オーケストラの奏でる音楽は、相場と似ている。毎回似ているけれど、同じものはないという点だ。

相場は合理的に解析して判断するべきだが、時として不合理な動きをする。その不合理な相場を乗り越えるのに必要なのが「感性」だと私は思う。

感性を磨くには普遍的な芸術に触れるのがいい。それは同時に美意識を鍛えるのに役立つ。

「どうすれば金持ちになれますか？」——度々こう質問される。

「部屋に花を飾るといい」

私が必ず返す答えだ。テーブルに花を飾るくらい簡単なことだ。そして、次にその花が美しく見えるように周りを片付けるようにすることだ。

要はルーティンを身につけ、美意識を鍛えるという意味である。

プロの音楽家は、練習というルーティンを嫌になるほど繰り返してプロになるのだ。

「人生でもっとも大切にすべき」猫組長が考える「時間の使い方」

（『週刊SPA！』２０１９年12月31日・1月7日号）

今年も残り数日となった。年を重ねる度に、１年の経過が早く感じるようになる。

子供のころはクリスマスから正月までの、ほんの数日でさえ長く感じた。ましてや１年など想像すらできない長さであった。

これは代謝と細胞分裂の速度による時間評価の変化というものだ。 物理的な時間は変わらないが、心理的な時間の感じ方に変化が生じるということだ。

人は経験を積むことで、情報の整理と集約

をする能力を身につける。大人は一日の出来事を記憶の中で自然に簡略化してしまう。ところが、経験値の少ない子供には、そうした能力は備わっていない。それゆえ、心理的な時間経過を遅く感じるのだ。

大人でも状況によって心理的な時間の感じ方は変化する。楽しいことに没頭している時間は早く過ぎる。サウナで汗を流しながら我慢する時間はとても遅い。

これが心理的な時間評価の変化というものである。

時間は誰にでも平等である。だがそれは物理的な時の経過であって、人生という持ち時間ではない。

人の最終目標は死である。もちろん人生を全うしての死だ。死があるからこそ生は輝く。終わることのない人生など苦痛でしかない。

「タバコを1本吸うたびに寿命が5分30秒短くなる」

嫌煙家の医者がよく使うデマだ。決まっていない寿命に対して、引き算するなど愚かな考えだ。

私の祖父は大の愛煙家で、缶入りピースを毎日2缶吸っていた。1缶50本だから100本だ。

当時のピースは両切りといってフィルターがなかった。根元まで吸うにはキセルを使う。

縁側でうまそうにピースを吸う祖父が私は好きだった。

待つ者のほうが待たせる者よりもはるかに有利

祖父は93歳の寿命を全うした。タバコ1本で5分30秒だから、1日あたり9時間。1年間で135日も寿命を縮めた計算になる。

祖父は70年間同じペースで吸い続けていたから、禁煙していれば118歳まで生きられたことになる。バカげた話だ。

私は一日10本ほどタバコを吸う。こんなおいしいものを吸わない人は、人生で損をしているという考えだ。だから私は人に喫煙を勧めるようにしている。

誰にもわからない寿命など気にするのは、それこそ時間の無駄だ。人生はいかに有意義で楽しい時間を過ごすかである。

そのために必要なのは、時間に対して意識を持つこと。時間を大切にすることだ。

社会には普遍的なルールとして「約束を守る」という基本がある。これには時間を厳守するということも含まれている。遅刻を繰り返す人は、時間を大切にするという意識が少ないのだ。

私は人と待ち合わせの約束をしたら、必ず相手より先に到着するようにする。待つ者より待たせる者の時間のほうが優位だ、と何かで読んだことがある。だがこれは間違いだ。遅れた相手はまず謝罪から入らねばならない。だから、私は待たすより待たされるほうがいい。**交渉の場に遅れることは、それだけで相手を有利にする。**

相手の時間を大切にするという意識も必要だ。**約束を守る、時間を守るというルーティンは、やがて信用という財産に変わる。**

時間を大切に使うというのは、合理的な判断力を鍛えるのにも役立つ。これは投資において重要なことだ。

最近、新宿へ行く機会が増えた。車だと30分くらいかかるのだが、恵比寿駅から電車に乗れば10分もかからない。しかも160円という安さだ。この場合、運賃ではなく、時間的優位の問題だ。

「電車で来た」と言うと、大抵の人が驚く。しかし、恵比寿から新宿までなら、電車を選択するのが明らかに合理的だ。

来年は「時間」について、意識を持ってみたらいかがだろう。

自動車業界に地殻変動。テスラが新たな盟主になる理由とは？

（『週刊ＳＰＡ！』２０２０年３月３日号）

「どの株がいいですか？」と、よく聞かれる。そんなときは「株なんか買わないほうがいいですよ」と答えるようにしている。

人間は損をすることを極端に嫌う生き物である。それが金銭的な損だとなおさらだ。

こういった質問をする人は特にその傾向が強い。買った株の価格が、すぐに上がらないと気が済まないのだ。損失が出ようものなら、情緒不安定になってしまう。

私がテスラ社の株を最初に買ったとき、株

価は約260ドル（株式分割前の価格）だった。それから1年半、今月初めには968ドルという価格をつけた。

友人・知人にもテスラ社の株を買うように勧めた。仲の良い友人は、私の説明するテスラ社の可能性について納得して大量に買った。

この友人は5億円の投下資本が、つい先日15億円になり、全株売却したとの報告があった。

260ドルだったテスラ社の株は、翌年179ドルまで下がったことがある。テスラを推したとき、多くの人からバカにされ、笑われた。株価が下がったら、ホレ見たことかと揶揄されたものだ。

私が勧めるままに買った人にも、株価が下がって怒る人もいた。**こういう人は、株価が下がったら怒るけれど、その後に株価が上がっても礼を言うことはない。**だから教えるだけ損なのだ。

【同程度の大きさなら、利益よりも損失のほうが重大に感じる】

行動経済学のプロスペクト理論にある価値関数による心理である。

プロスペクト理論は、ノーベル経済学賞を受賞したダニエル・カーネマンと、心理学者のエイモス・トヴェルスキーによって提唱された理論だ。

経済学の数学モデルに、心理学的なアプローチを取り入れたものが行動経済学である。

これはファイナンスにおける意思決定の段階で、現実の選択がどのように行われるかをモデル化したものだ。買った株の価格が下がったら情緒不安定になる人が、いかに投資に向いていないかよくわかる理論である。

10年後には市場規模が40倍。電気自動車市場は急拡大中

私がテスラ社の可能性を確信したのは、同社幹部からのメールを見てからだ。私は福島にテスラのバッテリー工場を誘致したかった。そこで、テスラ社に直接投資のオファーをした。

その時点である程度の株を市場で買い集めていた。UAEのファンドが発行した資金証明を添付したオファーに、資金難のテスラ社は乗ってくるはず。そう思っていた。**ところが、返信には経営に対する見込みと自信のほどが書かれており、株主として1年お待ちくださいと締めくくられていた。**

メールを見た私は、早速テスラのディーラーへ行き、最上級車種モデルSの試乗をしたのである。美しい曲線のスタイリングと重厚な質感、静と動の両立、その完成度の高さに

驚いた。

10年後の2030年にはEV（電気自動車）の市場規模が、現在の約40倍に。2038年には世界の新車販売台数の50％以上がEVになると予測されている。**その時、テスラ社は世界一の自動車メーカーになっているだろう。**

テスラ社が苦戦してきたのは、生産効率の悪さから、供給目標が達成できなかったからだ。

そのため、ヘッジファンドや個人投資家に空売り攻勢を仕掛けられた。空売り比率が20％を超えた米国企業はテスラ社だけである。

そんなテスラ社もようやくその実力が評価され、**ここ2か月で株価は2倍となり、ヘッジファンドは1兆円近い損失を出したのだ。**

テスラ社は10年前の株式公開時にはわずか17ドルという株価であった。それが現在800ドル、時価総額は1000億ドル（約11兆円）を超え、世界第2位の自動車メーカーとなった。

近い将来、トヨタを抜き世界一になることは間違いない。**ようやく、時代がテスラ社に追いついたのだ。**

アダム・スミスが説いた水とダイヤモンドの逆説

(『週刊SPA!』2020年9月22・29日号)

少し前に雑誌の取材を受けた。お金に対する考え方がテーマだ。

その中で、無限にお金があるとしたら何に使いますか?という仮定の質問があった。

明らかに無理のある質問だ。そもそも、**お金(通貨)とは有限であり、その流通量が制御されてこそ価値を持つ。私が無限のお金(通貨)を手に入れた瞬間、その通貨は価値を失う。**無限にあるモノに価値はない。

同量の水とダイヤモンドでは、どちらが価

値を持つか？　経済学で重要な問題の一つである。

人間にとって、水は生命維持に欠かせない貴重な資源だ。一方、ダイヤモンドは生活に必要なモノではない。

しかし、この二つの資源では圧倒的にダイヤモンドのほうが価値を持つように見える。

これが水とダイヤモンドのパラドックスだ。

アダム・スミスは価値について「**使用価値**」と「**交換価値**」に分別してこの問題を解説した。

使用価値とは何に使えるか？　交換価値とは何と交換できるか？という価値の差別化である。

ここから導かれるのは、水は使用することに高い価値を持ち、ダイヤモンドは交換する価値が高いということだ。

つまり、**使用価値と交換価値は必ずしも一致しない**のである。

このように、水とダイヤモンドはまったく違う価値を持っているのだが、貨幣経済においてはダイヤモンドのほうが貴重とされる。ダイヤモンドは高い比率でお金（通貨）との交換が可能だからだ。

ダイヤモンドに高い交換価値があるのは、その希少性にある。もし、ダイヤモンドが無

限にあれば交換価値はない。

生存に必要な水よりダイヤモンドが価値を持つ、それが貨幣経済の文明社会なのである。

妻のためにレストランをビルごと買った先輩の動機

私自身は、ダイヤモンドに一片の価値も感じない。綺麗な石ころくらいの感覚だ。

お金とは交換の手段であり、ツールでしかない。モノやサービスに交換することでその価値が生まれる。1万円札をどれほど集めても、交換のツールとして利用しなければただの紙切れだ。

そして、お金は使い方次第でとても便利なツールになる。

お金に対する考え方、お金の使い方について、私は2人の先輩に強い影響を受けた。

そのうちの1人であるY先輩と、先日久しぶりに食事を共にした。恵比寿にある小さなレストランである。

7~8人も入ればほぼ満席のその店は、夫婦2人で細々と経営されていた。何度か食事したことはあるのだが、特にお洒落とか豪華だとかいう店ではない。

さほどはやらなくてもやっていけるのは、入居する3階建てビルが自己所有だからだ。

先輩はこのレストランに20年も通っていた。毎年5月の奥さんの誕生日には、必ず貸し切りで2人きりのディナーを楽しむ。このレストランが出会って最初に食事した場所だからだ。

その日のために、**当日東京で最高の薔薇を用意するのも毎年のことだ。最高の薔薇を手に入れるため、数か月も前から栃木県の薔薇農家へ手配する。**

今年の5月、恒例だった誕生日のディナーが、新型コロナの影響で難しくなった。レストランのオーナー夫婦がビルを売却して店を閉店するというのだ。元々それほど客が来る店ではない。それも仕方ないだろう。

「ビルごとあの店を買った」

そう先輩から聞いたのは、奥さんの誕生日直前だった。**ビルごとレストランを買い取り、経営はそのまま夫婦に任せたらしい。**

「なくなると彼女が悲しむから」

こうして、無事に誕生日のディナーは開催された。もちろん、その日東京で一番の薔薇も用意した。レストランのことも薔薇の物語も、奥さんはいまだ知らない。

ヘッジファンドに立ち向かうロビンフッターの大いなる矛盾

（『週刊SPA！』2021年2月16日号）

イギリスの伝説に登場するロビンフッドは国王の圧政から農民を救う英雄として描かれている。権力に立ち向かう社会的闘争のシンボル的存在だ。**ロビンフッドのモデルとなった人物は何人かいるのだが、いずれも無法者、ならず者の犯罪者である。**

日本には義賊と呼ばれ歌舞伎や落語で喝采を浴び続ける鼠小僧がいる。こちらは江戸時代に実在した盗賊だ。

この2人に共通するのが犯罪者であるとい

う点だ。殺人や強奪という手段を用いたロビンフッドに比べ、人に危害を加えない鼠小僧のほうがまだマシだろう。

富裕層から奪い取った金品を貧しい人びとに分け与えた――という美談が彼らを英雄視する理由となっている。だが、史料によるとこのような事実はない。仮に事実であったとしても、違法な手段が正当化されることはないのである。

ロビンフッドや鼠小僧が英雄視される背景には、権力や金持ちへの不満・憎悪という大衆心理がある。**ロビンフッドと鼠小僧はアンチ・エスタブリッシュメントのアイコン的存在なのである。**

さて、株式市場ではロビンフッドの話題でもちきりだ。こちらは伝説の人物ではなく、米国のロビンフッド・マーケッツが提供するスマホアプリの話題である。

スマホアプリ「ロビンフッド」は、さながらゲームの感覚で手軽に株取引ができるサービスだ。ターゲットはスマホアプリのゲームと親和性が高い20〜30代の若者である。

取引手数料無料、1ドルからでも株取引ができる手軽さがうけ、ユーザーは1300万人を超えた。このロビンフッドを利用するユーザーはロビンフッターと呼ばれ、株式市場に大きな影響を与えるようになった。

いつの時代もカモにされる大衆の悲しき性とは？

日本で株取引を始めるには、まず証券会社に口座を開設しなければならない。本人確認はもちろん、適性などの審査もある。

一方、ロビンフッドはアプリをダウンロードして基本情報を入力すれば、すぐに取引を始められるというシンプルさだ。株取引のハードルを下げたことで、新しい個人投資家（ロビンフッター）を大量に市場へ送り込んだ。

そのロビンフッターが結託してゲーム販売店「GameStop」の株を高騰させ、大きなニュースになった。**ロビンフッターの買いにより、同社の株価は年初から1500倍という値をつけたのである。**

ロビンフッターをGameStop株へ誘導したのはレディットなどSNSの掲示板であった。**話題になった株に飛びつく個人投資家を日本ではイナゴと呼ぶが、ロビンフッターは米国版イナゴの大群である。**

日本のイナゴは大抵が焼き尽くされて市場の養分となるのだが、米国のイナゴは強大であった。ロビンフッターの買いにヘッジファンドは売り負け、巨額な損失を出して撤退したのだ。

ウォール街で巨額の利益を得るヘッジファンドを貧しい庶民の敵と位置づけて戦い、打ち勝ったロビンフッターは歓喜に沸いた。

ロビンフッドは〝金融の民主化〟を掲げて登場した。そしてその背景には、2011年に発生したウォール街占拠運動がある。反格差を標榜する富裕層への抗議活動だ。

そこにも金持ちや権力への不満と憎悪が渦巻いている。それを煽動したのはリベラルを謳う活動家たちだ。いつの時代も、利用されるのは真面目な大衆なのである。

ロビンフッドの収益のタネを明かせば、その大半がロビンフッターの注文情報をヘッジファンドに売って得たものだ。**ヘッジファンドは、注文の先回りでロビンフッターから利益を得ていたということである。**

いつの時代も踊らされるのは大衆なのだ。

第4章

ゴーンに学ぶマネロンのイロハ

コロナ禍は、表の社会だけでなくアンダーグラウンドの世界にも多大な影響を及ぼしている。考えてみれば当たり前の話だ。表裏が分離したコインなど存在しないのだから。

コロナのおかげで死にそうな業界もあれば、逆に潤っている業界があるのは表も裏も同じである。旅行会社やホテル、航空会社、飲食チェーンなどはまさに存亡の危機に立たされているが、巣ごもり需要の増大もあって、米国のGAFAなどIT大手は軒並み最高益を更新、ネットフリックスなどの動画配信やウーバーイーツなどのフードデリバリー関連も絶好調だ。

裏社会はどうかといえば、何と言っても「クスリ屋」がウハウハだという。テレワークやステイホームの影響で部屋にこもる人間が増え、需要が急増したのだ。そのうえ、警察の取り締まりが、これもコロナによって機能低下しているのも一因だろう。Ｚｏｏｍ会議で、眼を爛々とさせながら、異様にハイテンションの社員がいたら要注意。クスリをキメて、ノリノリで参加している可能性が大である。

供給のほうも今のところまったく問題ないらしい。第1章の冒頭で私は「災害や混乱が発生した途端、ヤクザたちは今後どんなことで人びとが困るか、なくてはならないものなのに不足するものは何かを独自の嗅覚で的確に掴み、圧倒的なパワーと機動力で誰よりもスピーディにそれらを手配する」と書いたが、彼らは今回のパンデミックでも抜かりなく仕事をやってのけたようだ。

しかもこれは日本だけの話ではない。日本で覚醒剤の需要が急増すれば、海外の製造元やブツを取り仕切るマフィアも儲かる。またロックダウンを強行した欧米諸国などは日本以上に薬物需要が高まっているはずだ。そうなるとメキシコなどの世界的な麻薬シンジケートは桁違いに儲かっているだろう。まさに焼け太りならぬコロナ太りである。

特殊詐欺に関わる半グレ集団にとってもコロナ禍という社会不安は好都合に働いたに違いない。詐欺は不安が大好物だからだ。最近出回っている「ワクチン詐欺」など、金額はセコいがその典型だろう。予約金を払わなければワクチン接種が後回しになってしまうなどと、健康に不安のある人や老人が言われたら、ついつい支払ってしまう人も多いのではないか。

街を歩いている人のほぼ100パーセントがマスク姿というのも、詐欺の受け子にとっては仕事がやりやすいに違いない。今やマスクをつけないで歩いているほうがよほど不審である。警察官も職質がやりにくくて困っているらしい。

もともと混乱期に強いのがアウトローである。コロナ禍を好機と見て、ここぞとばかり荒稼ぎをしている裏社会の住人たちも多いはずだ。

しかしここへ来て、笑いが止まらないはずのアンダーグラウンド業界から悲痛な声が上がりはじめているという。どういうことか。

糞尿のこびりついた悪臭ぷんぷんの汚れた衣服は、洗濯しなければ外で着ることはできない。もし先進国でそんな服を着て出歩いたら、即刻排除されてしまうだろう。犯罪収益も同じだ。数百万から数千万円程度のカネならまだいいが、億ともなればマネーロンダリング（資金洗浄）が必須である。

すべて現金決済にすれば問題ないじゃないか、と思うのは善良な庶民の発想だ。仮に今、あなたが現金3000万円を持って銀行を訪れて口座を開こうとしても、「はいっ、喜んで！」などとどこかの居酒屋チェーンのような返事をしてくれる銀行員は一人もいない。

窓口に積み上げられた札束を訝し気に見つめながら、慇懃無礼な口調でこう尋ねられるだろう。「申し訳ありませんが、このお金の出所は証明できますか」。

せっかく大金を預けてやろうと思ったのに、まるで取り調べのような質問を浴びせかけられて面喰らうに違いない。今や原資の証明ができない現金は銀行に預けることも、送金することも難しい時代なのである。そうなれば現金などただの紙切れに等しい。しかも札束が多ければ多いほどその役立たずぶりが際立つのだからタチが悪い。

マネーロンダリングとは、簡単にいえば送金と移動の経路を複雑にして、そのカネの源泉を判らなくすることである。そして最終的にそのカネをオンラインに乗せ、生きた、使えるカネに蘇生させることだ。そのためにはどうしても「銀行システム」に割り込ませる必要があるのだが、今という時代はそれが非常に難しい。そこをどうぶち破るか。結局、マネロンとは〝資金移動〟にかかっているのだ。資金移動の完成がマネロンの成功と言っても過言ではない。

犯罪集団がどのようにマネーロンダリングをするかというと、基本的に合法的な資金移動の中に、犯罪収益で得たカネを紛れ込ませて一緒に洗ってしまうのである。だがコロナ禍のせいで表のカネの動きが詰まってしまった。そうなれば壊れた洗濯機と変わらない。せっかく稼いだ現金も倉庫などで塩漬けにしておくほかない。こうしてマネロン待ちの資金を大量に抱える裏社会の住人たちの間で困惑の声が広がっている、という状況なのだ。

第4章では、マネーロンダリングの最良のお手本と言っていいカルロス・ゴーンの事件を振り返りながら、汚れた衣服を新品同様にしてくれる、とっておきの洗濯方法をお見せしたいと思う。

「悪貨は良貨を駆逐する」ゴーンの特別背任事件の深層

（『週刊SPA！』2019年1月29日号）

あら奥さん
今日はトマトが安いわよ
あらまあ
と覗き込んだ猫奥さんの買い物カゴ
芽カブ 納豆 アボカド チーズ
身体の中から食べて自分を美しくする女セレクト
赤身のお肉も
ホホホ
あの女子高生が順調に食えない女に成長しとる

お金の本質は「信用」である。**クレジットの語源はラテン語の「貸し付け」**だが、それは即ち信用を意味する。

そして、人の信用を最も数値化できるツールがお金である。お金に困るということは、信用が不足しているということなのだ。

お金には3つの機能があるとされている。交換の手段・価値の尺度・価値の保存だ。

これは19世紀にイギリスの経済学者ウィリアム・S・ジェヴォンズによって定義された

ものだ。紙切れにすぎない「お金」にこの3つの機能を維持させるのも、発行主体となる国家の信用が元になっている。

日本でクレジットといえば、カードや分割払いをイメージする人が多いだろう。**だが、欧米ではクレジット＝信用という概念である。**

海外の金融取引ではクレジットラインを重要視する。クレジットラインを和訳すると**「与信枠・融資枠」**が近い。身近な例だと、クレジットカードの限度額が、あなたのクレジットラインとなる。

カルロス・ゴーンの特別背任事件は、日産のクレジットラインが私的に利用された事件だ。そして、ゴーンの金融取引は典型的なマネーロンダリングでもある。

ゴーンは新生銀行との個人的な投機取引で損失を出し、追加担保を要求された。その保証をSBLCで提供したのが、ハリド・ジュファリだ。

SBLCとはスタンドバイエルシーで、貿易など商取引に使用するLC（レター・オブ・クレジット）に銀行保証を付与したものだ。

SBLCの有効期間は発行から366日。1年間の重畳的な取引に利用できて、必要ならロールオーバーが可能だ。期間に1日の余裕を持たせてあるのは事務処理のためである。

ゴーンは日産の絶対的な信用力を悪用した

ＳＢＬＣは資金調達のための証券であり、その性質は融通手形によく似ている。
そして、ＳＢＬＣはマネーロンダリングに最も利用されるツールでもある。
少ない原資で大きな額面を作れるため、世界中で流通しているのだが、バックアセット（担保）によって質に差があるのが特徴だ。

ＳＢＬＣによるマネタイズも、信用創造の一形態である。 原資（担保）を本源的預金として、新しいお金（派生的預金）が創造される仕組みだ。

質の悪いＳＢＬＣから派生した資金を原資に、さらに大きな額面のＳＢＬＣが作られていく。それはまるでコピーからコピーが続けられ、劣化していく映像のようでもある。

現在の市場には、このような実質価値の低いお金が流通して、本源的なお金は逃避しているのが実情だ。

「悪貨は良貨を駆逐する」――まさにグレシャムの法則そのままである。

ＳＢＬＣからマネタイズするのに必要なのは信用である。そこでベネフィシャリー（受益者）のクレジットラインが重要となるのだ。

ゴーンは受益者として、自身が代表を務める日産自動車のクレジットラインに目をつけた。

日産自動車は、東証1部上場の4兆円企業である。その信用力はとてつもない。

SBLCはクレジットラインのない者が受益者となっても、ただの紙切れなのだ。

ゴーンに担保としてSBLCを提供したハリド・ジュファリは、サウジアラビアのジュファリ・アンド・ブラザーズの副会長を務める人物である。**中東や欧州の巨額な金融取引で度々登場する〝常連〟である。**

レバノンやバーレーンを舞台としたマネーロンダリングでも、ジュファリが関わったとされるものは多い。

私には、ジュファリとゴーンの金融取引が手に取るようにわかる。

国際金融を利用した茶番劇？ ゴーン特別背任事件の本質

（『週刊SPA！』2019年2月5日号）

カルロス・ゴーンの事件は日に日に疑惑が深まってきた。

ところが、マスコミも事件を担当する弁護士も、国際金融取引がまるでわかっていない。そこで、今回はゴーン事件の肝となる部分をわかりやすく説明しよう。

現在、**事件の核心とされているのが特別背任**だ。これは簡単に説明すると、企業の重要なポストに就く者が、自己もしくは第三者の利益のために会社に損害を与える行為である。

２００８年、**ゴーンが個人的に行っていた**

デリバティブ取引によるポジション（金融派生商品の未決済約定）**で約18億5000万円の評価損が発生した。**

この取引を扱っていた新生銀行は、評価損に対する追加証拠金を要求するがゴーンは拒否。そして08年10月、ポジションを日産自動車へ移管させた。

日産自動車への移管であれば追加の証拠金が不要だったからだ。これこそ、日産自動車のクレジット（信用）を私的に流用して、一時的ではあるが、18億5000万円もの損失を負わせた背任行為である。

ゴーンの弁護団は「損失は確定しておらず、結果的に日産自動車へ損害を与えていない」と主張するが、これは苦しい言い訳だ。

そもそも、マージンコール（追加証拠金）**が発生したポジションの移管**（名義変更）**など通常はできないはずだ。**

しかし、現実にこのポジションはゴーンから日産へと移っている。日産自動車取締役会の決議書が必要なはずだが、**18億5000万円もの損失を引き受ける事案が、なぜ承認されたのかは謎でしかない。**

このポジション移管について、新生銀行は難色を示したというが、それは当然だ。なぜなら、これは立派な特別背任だからだ。

事実、この翌年に新生銀行は、証券取引等監視委員会から取引の違法性を指摘されている。

事件の本質は日産自動車にケツを持たせる出来レース

これを受けて、損失を抱えたポジションは、日産自動車から再びゴーンへと差し戻されることになった。

この時に登場するのが、ジュファリから証拠金の保証として差し入れられたSBLC（スタンドバイエルシー）だ。これは**額面を発行銀行が保証する証券である。**証券と言っても、銀行間でSWIFTという通信を介して電信的に送られるデジタルなものだ。

通常、債務や証拠金の保証としてSBLCを差し入れることはない。ましてや、**日本の銀行、それもドメスティックバンクの新生銀行がSBLCを引き受けるのは異常**だ。

仮に、海外からこのような債務保証を行う場合は、POF（プルーフ・オブ・ファンド＝資金証明）をコラテラルという方法でやる。

この方法だと、保証を受ける銀行は、保証金額を現金で確保できるうえに、手続きが簡単というメリットがある。

一方、保証する側（この場合、ジュファリ）は保証する期間、現金を拘束されるというデメリットがある。

SBLCは、発行銀行が額面を保証しているとはいえ、**使用する者にクレジットライン（信用）がないと意味がない。**もし、ゴーンのポジションがロスカットとなり、債務保証の履行となれば、その責任と請求先はSBLCを使ったゴーンと日産になる。

つまり、**ゴーンもジュファリも、日産自動車も新生銀行も、このSBLCが債務保証の履行に使用されることなど、あり得ないとわかっていた**のである。

これは、国際金融取引を利用して、形式を整えるという茶番劇だ。

すべての登場人物が日産自動車にケツを持たせる（責任をとらせる）出来レースでしかない。

額面30億円のSBLCは、3億円もあれば1年間利用できる。ジュファリは、このSBLCでいくら儲けたか？　とても興味深い。

ゴーン特別背任事件の捜査がアメリカ主導で行われる理由

（『週刊SPA！』2019年2月12・19日号）

2019年1月22日、東京地裁は再びカルロス・ゴーンの保釈請求を却下した。

妥当な判断だ。ゴーン事件の核心はオマーンにある。東京地検特捜部も、相当な証拠を用意しているはずである。

日産から中東へ流れたカネは約110億円。そのうち、約39億円がオマーンにある日産販売代理店へ送金されている。

そして、オマーンの日産販売代理店を支配しているのが、スハイル・サリム・バーワンだ。

彼はオマーンの大富豪実業家で、ベンツやBMW、トヨタなどオマーンにおける自動車販売を牛耳る。サウジアラビアのジュファアリと同様、**オマーンの政治や金融に強い影響力を持つフィクサー**だ。

オマーン以外では、レバノン、カタール、UAEに日産からカネが流れている。支払いの名目は「販売促進費」とされているが、特捜部の調べで、これはゴーンの指示による後付けだったと判明している。

日産自動車全体の売り上げの2%にも満たない中東へ、全体の50%にもあたる販売促進費が使われているのは明らかにおかしい。オマーンを中心とするカネの流れを精査すれば、ゴーンへ還流されていることが浮き彫りになるだろう。

ゴーンを保釈すれば、これら国際的な経済犯罪の証拠が隠滅される恐れがあるのだ。

日産自動車はADR（米国預託証券）をニューヨーク市場に上場している。それに、中東を舞台にしたゴーンのマネーロンダリングは米ドルで行われている。

このことからも、米国の捜査当局が関心を持たないわけがない。

米ドルを使用したマネーロンダリングやテロ資金の流れは、米国が徹底的に捜査する。中東であろうと日本であろうと、**金融機関が保有する米ドル口座は治外法権であり、米**

国の法律が適用されるからだ。

ヤミ金の帝王の隠し資産が米国に暴かれた経緯

これが国際金融取引の基本、**コレスポンデント**である。日本から中東へ送金された米ドルは、物理的な紙幣が運ばれるわけではない。日本の銀行が保有する米国の銀行口座から、中東の銀行が保有する米国の銀行口座へと振り替えられる。つまり、**米国内で資金移動が行われただけ**なのだ。

そうすると、ゴーンの事件については米国の捜査協力があるもの、と考えるのが自然だろう。

国際的な金融犯罪という視点で全体を俯瞰すれば、**ある意味、米国主導と言えるかもしれない。**

米国は米ドルを使った不自然な金融取引に神経質である。それも、テロ資金の温床となりやすい中東が舞台だからなおさらだ。

おそらく、米国の金融当局は、特捜部が捜査に着手する以前から、ゴーンと日産の金融取引を監視していただろう。

日本における代表的なマネーロンダリング事件は、**〝ヤミ金の帝王〟こと梶山進の、いわゆる「五菱会事件」だ。**

五菱会（現・六代目清水一家）は山口組の直系組織で、梶山進はその実質的なナンバー2であった。

梶山はヤミ金で得た収益約100億円を、スイスやシンガポールの銀行へ移動させ隠匿していたのだが03年にチューリヒ州当局から突然口座を凍結される。

これは、9・11事件に関わるテロ資金の捜査で、米国が入手した情報が発端であった。米捜査当局は、**SWIFT（国際銀行間通信協会）に、送金データをなかば脅しで提供させたのだ。**その中には、世界中の犯罪組織が移動させた送金データがあった。梶山の口座情報と資金移動の履歴も、こうして米捜査当局に捕捉されたのである。

そして、この情報は米捜査当局から日本の捜査当局に提供され、梶山のマネーロンダリングが解明されたのだった。

チューリヒの州当局も、米国からの情報提供と圧力で梶山の口座を凍結したのである。

ゴーンの妻、国外逃亡で窮地？ 辣腕弁護士が特捜に屈する日

（『週刊SPA！』2019年4月23日号）

カルロス・ゴーンが保釈からひと月もたたず再び逮捕された。

自宅から連行されるゴーンを乗せた車が日産だったことに、**特捜部の意地と粋を感じた。**

保釈中の身に4度目となる逮捕で特捜部を批判する声も多い。しかし、ゴーン事件は複数の国をまたいだ大型経済事件なのだ。

しかも、逮捕容疑となったオマーンルートは事件の核心である。米国司法当局に捜査共助を要請して検事を派遣している。

公判前整理手続きも済んでいない、否認事件の被告に対して保釈を許可するほうが間違いだ。これは、日本の司法が国際的な犯罪に不慣れであることと、裁判所が世論を気にしすぎた結果だろう。

4度目となるゴーンの逮捕を受け、弁護団が会見を開いた。

「よもや、逮捕というのはまったく予想できなかった」

会見の冒頭で弘中淳一郎弁護士が発した言葉だが、弁護団の無能さが如実に表れている。オマーンルートでの再逮捕は、ゴーンが勾留中から誰もが予想していたことだ。事件を担当する弁護士が再逮捕を想定してないなど考えられない。

弁護団の無能さが顕著になったのは、ゴーンが保釈される瞬間からだ。**報道陣の前に現れた作業員姿のゴーンはまるでコントのようだった。**

のちに、この変装劇は弁護団の一人によるアイデアだったと判明するが、余りにもお粗末である。

さらに、逮捕後の会見で弘中淳一郎弁護士は特捜部がキャロル夫人の携帯電話やパスポートを押収したことを批判してみせた。その翌日にキャロル夫人はパリへ逃亡した。

特捜部の捜査で、**キャロル夫人が所有するBVI（英領バージン諸島）のペーパーカンパニーへ日産の資金が送金されていることが確認できている。**

この事実だけでも、キャロル夫人は重要参考人と言えるだろう。当然、特捜部は任意での事情聴取を求めた。そして、**捜査が自身に及んだことを察知したキャロル夫人は、いち早く国外へ逃げた**のである。

会見やツイッター開設に漂う弁護団の手詰まり感

ゴーンの変装もそうだが、無実を主張するなら、逃げ隠れせず堂々とすればよい。国外へ逃亡したことで、**罪を認めたようなものである。**妻であり、事件の関係者でもあるキャロル夫人が逃亡したことは、特捜部、ゴーン双方にとって不利だ。これでゴーンの保釈も難しくなった。

それから、ゴーンが今回の逮捕前日に、**突如ツイッターアカウントを開設**した。英語と日本語でツイートしていることから、弁護士による指示での行動と思われる。だが、これも愚かな行為だ。不特定多数への情報発信は、否認事件の当事者にとってリスクでしかない。矛盾や嘘があれば一気に拡散され、インターネット上に記録として残るからだ。

会見やツイッターアカウント開設から読み取れるのは、弁護団の手詰まり感である。

特捜部の捜査手法への批判や、人権問題への世論誘導は、事件そのものが不利な状況と認識しているからだ。

弘中淳一郎弁護士も彼を補佐する部下たちも、超一流の弁護士である。なのになぜ、このような失策を繰り返すのだろう。

それは、**今まで経験したことのない事件だからだ。**ゴーン事件は、国際的な経済犯罪である。単純な刑事事件弁護の知識とは別に、国際金融取引の実務知識が求められるのだ。

それから、2人ともインターネットの影響力を正しく評価できていない。**情報の伝達速度も、世論への影響も見誤っている。**

ゴーンも弁護士の選択を誤った。私なら、金融知識が豊富な若い世代の弁護士を雇う。

「まるでマネロンの教科書」ゴーン特別背任事件の本質

（『週刊ＳＰＡ！』２０１９年４月30日・５月７日号）

カルロス・ゴーンの逮捕から５か月を経て、ようやくマスコミもマネーロンダリングというワードを使い始めた。

ＳＢＬＣ（スタンドバイエルシー）から始まり、**オフショアのペーパーカンパニーを経由して、妻や長男にまで日産資金が還流していたのである。**

まるで、マネーロンダリングの教科書に出てくるモデルケースのようだ。

ゴーン事件とマネーロンダリングがリンク

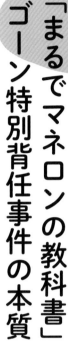

するまでに、5か月もの時間を要したのは仕方がない。日本ではマスコミも金融機関や捜査機関も、マネーロンダリングの知識が少ないからだ。

一般的にマネーロンダリングとは、麻薬取引や武器取引などで得た犯罪資金の出所をわからなくする行為と捉えられている。だが、**国際金融取引の世界では、犯罪収益の移転と洗浄だけがマネーロンダリングを指すわけではない。**

現在、国際間の資金移動は非常に困難な状況にある。これはAML／CFT（マネーロンダリング及びテロ資金供与対策）が各国金融機関共通の最重要課題だからだ。

そのため、原資の証明と送金目的の説明が厳格に求められるようになった。**KYC**（Know Your Customer）ルールの徹底により、送金側・受領側双方の口座確認も厳しい。

カルロス・ゴーンの場合、日産の資金を自身に還流させ、着服するのが目的だった。だが、自分の関連口座へ直接送金するわけにはいかない。そのため、オマーンの日産販売会社を拠点に、複数のペーパーカンパニーを経由させ資金を還流させるという手順を踏んだ。**この行為こそがマネーロンダリングなのである。**

カルロス・ゴーンがマネーロンダリングの手法を用いずに、自身や家族に資金を還流させるのは不可能だった。

日産から中東日産への経路であったから、**販売促進費という正当な理由で送金が可能だった**のだ。

「ゴーン逮捕は陰謀」と主張する人たちが無視する「動かぬ証拠」

ところが、アメリカの捜査協力を得た特捜部は、オマーンの中東日産からカルロス・ゴーンとその家族への資金還流を突き止めた。

つまり、**カルロス・ゴーンは、送金理由を偽って資金の移動をさせた**ということになる。

もちろん、カルロス・ゴーンは一連の容疑について否認している。資金の還流が露見した妻と長男も、その事実を否定している。

だが、国際間の資金移動はＳＷＩＦＴ（国際銀行間通信協会）のシステムを使用しているため、**その経路は秒単位で克明に記録されている。**ＳＷＩＦＴから資金の流れが判明している以上、その事実を否定することは、カルロス・ゴーンにとっても不利になる。

記録として残っているのだから、否定ではなく合理的な説明が必要なのだ。

カルロス・ゴーンも、黙秘することが最大の防御とはいえ、家族を守るためには妥協も必要ではないだろうか。

この事件を理解するには、国際金融取引の知識はもちろん、客観的事実に基づいた冷静な判断が重要である。

いまだにカルロス・ゴーンは無実だとか、日産による陰謀であると主張する人たちもいる。

だが、常識と事実から考えれば、中学生でも彼が有罪だとわかるはずだ。

日産の資金がカルロス・ゴーンに還流していても、正当な理由があるから罪には問われない、という識者もいる。

「正当な理由」があるなら、ペーパーカンパニーを経由したり、送金理由を偽ったりはしない。販売促進費を機密費から支払ったりもしない。営業経費から支払うのだ。

それでも、カルロス・ゴーンを擁護する人たちは、この先も矛盾に満ちた言い訳を考えるのだろう。

ここまでくると、見苦しいというより哀れである。

キャッシュレス化で台頭するマネーロンダリングの新手口

（『週刊SPA!』2019年10月29日号）

消費税が10％に増税され、それに伴うキャッシュレス・ポイント還元と軽減税率の話題で騒がしい。

キャッシュレス決済とは、文字通り**物理的な現金（紙幣・硬貨）を使用しない支払い手段**である。

クレジットカードが最も代表的なキャッシュレス決済手段だが、近年はＳｕｉｃａなどさまざまな電子マネーが登場してきた。特に、スマートフォンの普及で利便性が飛躍的に向上し、決済システムも多様化が進んだのだ。

日本は他国に比べてキャッシュレス化が非常に遅れている。96%とキャッシュレス化が進んでいる韓国に対して、日本はわずか20%という具合である。

日本でキャッシュレス化が進まない理由は、現金の信頼性が高いという文化的背景と治安の良さが大きい。現金を持ち歩いても安全で、なおかつ落としても戻ってくる安心感がある。偽造紙幣の流通も皆無で、何より現金の流通・決済インフラが優れているからだ。

また、現金を扱う小売店などは処理速度が正確で速いため、キャッシュレス決済の優位性が低い。こうした背景に加え、日本には相互信頼という土壌が浸透しており、現金の使用率が高いのだ。

キャッシュレス化が進んでいる国は、**紙幣そのものへの信頼性が低いうえ、盗難や詐欺への不安から必然的に現金使用率が減少してきたのだ。**

現金の魅力はその匿名性にある。人の手から人の手に渡れば、その経路は秘匿される。現金なら犯罪収益の移転やマネーロンダリングもたやすい。現金の流通量を減らせば、これらの不正行為も減らすことができるということだ。

キャッシュレス化は現金決済インフラのコストを減らし、生産性向上を図ることが主な目的である。そして何より、決済情報や資金経路を可視化できるようにすれば、不透明な現金使用と脱税も防げるのだ。

ニューヨーク州知事の買春はクレジットカードでバレた

2008年3月、当時のニューヨーク州知事エリオット・スピッツァーが、頻繁に買春をしていたとして辞任に追い込まれた。彼は**買春の代金決済にVISAのクレジットカードを使用していた**ことから足がついた。

FBIが買春組織の銀行口座を調査したところ、クレジット会社からの入金でエリオットの名前が判明したのだ。キャッシュレス決済のトレースで違法行為が摘発された好例と言える。

VISAは200の国と地域、4000万の加盟店で利用できる決済ネットワークだ。**シェアは60%と世界一である。**

その浸透ぶりは圧巻だ。クレジットカードを利用しなくとも、VISAのマークを目にしたことのない人はいないだろう。

意外にも、VISAのネットワークで決済される半数以上が、デビットカードによるものである。

デビットカードは銀行口座に直結していて、利用すると預金残高から即時決済されるのが特徴だ。

日本でもデビット機能がついたキャッシュカードを発行する銀行が増え、キャッシュレス化に一役買っている。

デビットカードは預金残高以上の利用ができないため、**与信管理の困難な発展途上国では早くから普及してきた。**欧米や中東では自動車や不動産など、高額な買い物の決済にデビットカードが使われるのも珍しくはない。

そして、ここ3年ほどは**VISAのデビット決済が、個人によるマネーロンダリングとキャピタルフライト（資本逃避）のメインストリームとなっている。**

中国人富裕層が本土から国外へ資金移転するツールとして今、最も利用しているのもVISAのデビットカードだ。

その金額が半端ではない。興味を抱いた私は、その詳細をリサーチした。次号ではその実例を詳しく書こう。

フェイスブックが独自発行するリブラが抱える致命的な欠陥

（『週刊ＳＰＡ！』２０１９年11月５・12日号）

フェイスブックのデジタル通貨「リブラ」プロジェクトからＶＩＳＡやマスターなど決済大手が相次いで脱退した。賢明な判断である。

リブラの理念は、お金と自由と正義であり、金融の民主化を目指すというものだ。

だが、**お金も自由も正義も、国家と政治によってのみ実現できるものである。**理想が先走り、現実社会を理解しないのは、仮想通貨を信奉するリバタリアンに多く見られる傾向だ。

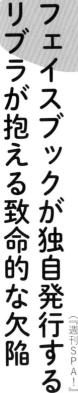

通貨とは極めて政治的なものであり、国家の重要な主権の一つである。 1万円札という紙切れに1万円の価値を持たせ、日本国内どこでも通用させられるのは、国家と政治があってこそなのだ。

1万円札の発行コストは25円ほどである。その事実をもってシニョリッジ（通貨発行益）を批判する人もいるが間違いだ。これは通貨の製造原価でしかない。

通貨の価値安定と流通は、安全保障や治安維持など、**国家が莫大なコストをかけているからこそ成立する**のである。

経済学の理論では、交換の手段・価値の尺度・価値の保存が通貨の機能と定義されている。これらの機能を保つのに必要なのが通貨の安定だ。**通貨の安定こそ経済安定の基礎なのである。**

そのため、中央銀行は通貨供給量や金利を調整する。そして、いざ金融不安が起これば**「最後の貸し手」として通貨と金融システムを守る**のだ。

中央銀行（日本では日本銀行）の役目は、物価の安定と金融システムの安定である。

その金融システム安定に不可欠なのが信用秩序の維持だ。金融機関の破綻など、万が一の危機的な事態（システミック・リスク）が発生した場合、国民の経済活動と金融システムを守るために行動するのが中央銀行なのである。

逮捕者も出たカジノを悪用するマネロンのスキームとは?

その信頼を担保するのが、中央銀行の支払い完了性(ファイナリティ)である。果たして、**民間企業のフェイスブックに、通貨の安定を図ることができるだろうか?** 答えは否である。国家と違い、民間企業にはコストの制限と収益性の問題があるからだ。フェイスブックの利用者は推計27億人といわれている。リブラが実用されるようになれば、確かに超巨大な経済圏が誕生する。

これは、既存の金融システムにとって脅威である。**リブラの無秩序な金融取引は、小規模な国家と通貨を破壊しかねない。**

だから、各国の金融当局は警戒を強めて規制に乗り出しているのだ。

VISAやマスターも、リブラの危険性と金融当局の規制を察知したため、リブラプロジェクトから脱退したのである。

VISAのデビットカードは個人のマネーロンダリングと資本逃避のメインストリームとなっている。

中国人富裕層は世界中のカジノや貴金属・宝石商と組み、デビットカードによる決済で資本の移動を行っている。

一度の決済で1000万ドルという金額もざらだ。この時に重要なのが**アプルーバルナンバー**（**承認番号**）である。事前に決済金額の承認を得たうえで高額な決済を実行し、キャンセルの手続きを取る。デビットカードは口座から即時決済だから、既に資金は移転しているのだ。そして、手数料を差し引いた金額を指定の口座へ移す。

ヨーロッパのカジノで高額なチップをデビットカードで買い、そのまま換金する方法も多い。

カジノ側も事情を知ったうえで協力するから、実際にチップが動くことはない。そのため、手数料も高額で20％から25％というのが相場だ。

3か月ほど前、フィリピンのカジノで高額なデビットカード決済を繰り返していた中国人が逮捕された。この男は世界中のカジノで、数億ドルのデビットカード決済をしていたという。

ゴーンの国外逃亡劇で浮き彫りになった〝残念な人たち〟

（『週刊SPA!』2020年1月28日号）

【盗人猛々しい】盗みをしながら図太く平気な顔をしていること。また、悪事を咎められて逆にくってかかることを罵っていう——広辞苑。

まるでカルロス・ゴーンのためにあるような言葉だ。

令和元年も間もなく終わろうとする12月31日、カルロス・ゴーン国外逃亡のニュースが世界を駆け巡った。

元米軍の兵士らを雇い、プライベートジェットで荷物に紛れて不法に出国するという、映画のような逃走劇である。その割には、大阪までの移動が品川発の新幹線だったり、途中の移動がタクシーだったりとやけに地味だ。

この一件だけでも、保釈中の被告人が制限を受けずに生活できることを物語っている。

ゴーンが主張するように、人権を無視した司法制度ではない証拠である。

「私はレバノンにいる」

そして日本の大晦日、ゴーンは堂々と声明を発表したのだ。

自分が刑事被告人であり、不正な手段で国外へ逃亡した犯罪者だという自覚はないのかと驚いた。そのうえ、犯罪者が声明を出すなど、まるでテロリストである。

しかも「不公正な日本の司法制度から逃れるため」などと国外逃亡を正当化する始末だ。ゴーンの国外逃亡を受けて、日本の司法、マスコミ、国民は混乱した。平和な日本で起きるとは考えづらい出来事だったからだ。

しかしこれは、ただの逃亡事件で終わらすわけにはいかない問題である。多国籍の犯罪集団が、日本の出入国管理という主権を脅かしたのだから。北朝鮮による日本人拉致と変わりない問題点を孕んでいるのだ。

国外逃亡したことで、ゴーンの正当性はまったくなくなった。もう、彼が何を言おうと負け犬の遠吠えでしかない。

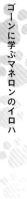

ゴーンを擁護する人に共通する反権力、反検察思想

ところが、ゴーンの国外逃亡を正当化するような意見が一部で見受けられ、呆れるしかない。

なかでも驚いたのが、ゴーン弁護団の一人である高野隆だ。彼は自身のブログで、ゴーンの密出国を「暴挙」「裏切り」「犯罪」と言って全否定することはできない、と意見を述べたのである。

基本的人権の擁護は当然だが、社会正義の実現も弁護士の使命である（弁護士法第一章第一条）。

密出国という罪を犯した逃亡者をこのように擁護することは、法曹界に生きる人間と思えない。

ゴーンの密出国は「暴挙であり裏切りであり犯罪」なのだ。起訴されている事件とは別次元の問題なのである。

それでも、ゴーンを擁護する人たちには、密出国など犯罪という認識がないらしい。

ゴーン擁護の急先鋒、郷原信郎もその一人である。彼は高野隆を批判する私のブログに

反応し、Ｙａｈｏｏ！に差別とも取れる記事を書いた。

「猫組長と名乗る元暴力団組長という、経歴からして日本の刑事司法について語る資格があるとは到底思えない人」

元暴力団組長には刑事司法を語る資格はないのだろうか？　言論の自由はないのだろうか？

郷原信郎は、基本的人権の擁護が使命の弁護士である。反検察・反権力に取り憑かれ感情的になっているのだろう。

そしてもう一人、私の意見について、ゴーンと同じく盗人猛々しいと批判してきた人物がいる。ハッピー米山こと米山隆一だ。出会い系サイトで知り合った女性と援助交際をしていたことが露見し、新潟県知事を辞めた人である。

このように、ゴーン擁護をする人たちには共通する思想がある。著しい反権力思想だ。

彼らにとって、カルロス・ゴーンは権力に立ち向かう英雄でありシンボルなのである。

だから、ゴーンを批判する者は敵という考えなのだろう。

もちろん、ゴーンは担ぎ上げられている神輿にすぎないのだが。

ハリウッド映画でも描かれていた逃亡者・ゴーンの欺瞞

（『週刊SPA！』2020年2月4日号）

欧米では刑務所から脱獄することをミッドナイトエクスプレスという。真夜中に素早く行動するさまを深夜特急になぞらえた隠語である。

1978年公開のハリウッド映画『ミッドナイト・エクスプレス』は、トルコの刑務所から脱獄するアメリカ人青年の物語だ。

原作者であるビリー・ヘイズの実体験をもとに映画化されたものだが、公開後に紛糾。**トルコの人権問題や米国のイスラム教差別といった政治的な軋轢を生んだ。**

映画は主人公ビリーがトルコから大麻樹脂の持ち出しに失敗して投獄されるシーンから始まる。ビリーは裁判で4年の懲役刑を受けるが、釈放目前にトルコと米国の関係が悪化し、刑期は30年に延長される。

そしてビリーは過酷な刑務所生活に絶望し、ついに脱獄をするのだ。ストーリーはビリーの主観で表現されているため、裁判から刑務所の待遇まで、徹底的にトルコ＝悪の立ち位置に置いている。

トルコに限らず、70年代の刑務所事情が人権意識も低く劣悪な環境であったことは想像に難くない。しかし、それで脱獄や麻薬密輸という犯罪を正当化できるものではない。

日本から不法な手段で国外逃亡したカルロス・ゴーンも同じだ。

映画との違いは有罪判決を受けているかどうかだけである。だが、ゴーンは密出国という罪を犯し公判を放棄したことで、自身の有罪を認めたようなものだ。

2人に共通しているのは、自国以外で罪を犯し、その原因を省みることもなく、司法制度や人権問題で自身を正当化しようとするところである。

泥棒しておいて「捕まえ方が乱暴だ」と怒るようなものだ。盗人猛々しいとは、彼らのことを言うのだろう。

バンコクの銀行でピストルを突きつけてきた警察の思惑

日本人には理解し難いかもしれないが、彼らには恥という感覚が欠如している。そのうえ、良心のかけらも感じられないビリーとゴーンは、ルース・ベネディクトの研究にある「恥の文化」にも「罪の文化」にも当てはまらない。

私はビリーと生きる時代が違うし、トルコの司法制度を体験したこともない。だが、日本の司法制度なら十分に知っている。そして、数か国でしかないが、他国の司法制度を身をもって経験してきた。

だからこそ、ゴーンの主張には失笑しかないのだ。

2012年当時、**私は数か国からICPO（国際刑事警察機構）を通じて国際指名手配されていた。**最終的に身柄を拘束されたのはバンコクだ。

その日、現地通貨を米ドルに両替するため銀行を訪ねた。金額が大きかったため、閉店間際にもう一度来るよう指示され、パスポートを預ける。

指示された時間に再び銀行へ行き、現金の入った袋を受け取った。その瞬間である。5人の男が私を取り囲んだ。**そのうちの2人は拳銃を向けている。最初は強盗かと思ったが**

警察官だった。

後でわかったことだが、警察は銀行と結託し、数か月間も私の行動を監視、口座の動きから最良のタイミングを狙っていた。

警察署へ連行されると握手で出迎えられ、コーヒーや果物で歓迎された。

「**カネさえ払えばあなたのことは私たちが守りましょう。裁判官も仲間だからすぐに保釈させます**」

要するにカネを払い続ける限り、バンコクで自由を保証されたうえ、手配国に送還されない——ということらしい。

私はこの有り難い申し出を丁重に断った。もし提案どおりにすれば、カネを毟られながら一生をタイで過ごすことになる。

彼らはまとまったカネが欲しくなれば、再び身柄を拘束するだろう。裁判官も検察官も平気で賄賂を受け取る国だ。

逮捕された際に持っていた数千万円はいまだ行方がわからない。

日産の信用枠を悪用しマネロン。ゴーンが行った資金還流の手口

（『週刊SPA！』2020年2月11・18日号）

4年ほど前のことである。**ロンドンのプライベートバンカーから資金調達の相談があった。** ニューヨークのファンド会社へ投資する資金が2億ドル（約220億円）不足している、というものだった。

ファンドは44週間かけて回すもので、リターンは28%とそれほどでもないが、リスクは低い。調達コストを18%以内に抑えれば十分な利益が見込める。

問題はどこで資金を調達するかだ。 日本か

ら２２０億円の送金は不可能である。たとえロンドンからでも、２億ドルの送金は難しい。

ここで国際金融取引の基礎であるコレスポンデントについて説明しよう。**コレスポンデント**（**略してコルレス**）**とは国際間の送金・決済を中継する銀行のことだ。**

日本のＡ銀行から香港のＢ銀行へ１００ドルを送金する場合、資金はアメリカの銀行を経由する。ドルは米国の通貨で、コルレスはアメリカの銀行だからだ。

Ａ銀行はアメリカのＣ銀行とコルレス契約を結び、為替決済用の口座を保有している。同様にＢ銀行もＣ銀行にコルレス口座を保有している。

Ａ銀行で送金手続きされた１００ドルは、ＳＷＩＦＴ（銀行間通信協会）を通じてＣ銀行に送金指示される。**そうして、アメリカのＣ銀行にあるＡ銀行口座から、同じくＣ銀行内のＢ銀行口座へ移動する仕組みだ。**日本から香港への送金であっても、実はすべてがＣ銀行内の口座間で完結しているというわけだ。これがコレスポンデントの仕組みである。

基軸通貨のドルで決済ができなくなる「金融制裁」とは、コレスポンデントを停止することなのだ。

アメリカがその気になれば、世界各国、どこの国でもコレスポンデントを停止できる。なぜなら、ドル決済のすべてが最終的に米国内で行われており、米国法に基づいて運用されているからだ。

マネーロンダリングに悪用されるSBLCの特異点

2億ドルの国際送金をするにあたって、私は資金調達にSBLC（スタンドバイエルシー）を使うことにした。**カルロス・ゴーンが日産自動車から資金を還流させるのに利用したことで一躍有名になったもので、貿易決済に使用されるL／CにBG（銀行保証）がついたものをSBLCと呼ぶ。**

SBLCの特徴は銀行の保証契約がつくことだ。貿易取引でも金融取引でも、契約書に基づき額面の範囲で、発行した銀行が責任を負うというものである。

銀行が保証するからには、使用者の信用と使用目的には厳格なチェックがある。

2億ドルのSBLCで資金調達するには、使用者に2億ドルの支払い能力が問われるということだ。

ゴーンの場合、新生銀行に追加担保を求められたくらいだから、30億円の支払い能力などあろうはずもない。**日産のクレジットライン（信用枠）があったからこそ使えたのだ。**

私は2億ドルのSBLCを366日間のリースで用意することにした。そして、ドバイの証券会社を通じ、250万ドル（当時のレートで3億円）でリースした。

次に、このSBLCから2億ドルのキャッシュを作るためのクレジットラインを探した。すぐにニューヨークに住むアラブ人から1年間10％のリース料でクレジットラインを借りることができた。

こうして、私がリースしたSBLCはロンドンの銀行からニューヨークの銀行へ送られ、アラブ人の口座で現金化されたのである。

このSBLCがニューヨークに届くまで、あらゆる機関のコンプライアンスチェックを受け、それをクリアしたということだ。

だが、このSBLCによる現金化はマネーロンダリングである。なぜなら、**SBLCの経路の中にペーパーカンパニーを紛れ込ませ、使用目的を偽っていたからだ。**

しかし、どこかで債務不履行が起きない限り問題となることはないのである。

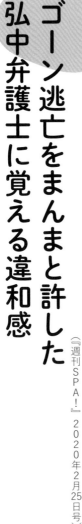

ゴーン逃亡をまんまと許した弘中弁護士に覚える違和感

（『週刊SPA！』2020年2月25日号）

「不愉快だ。どう落とし前をつけようか考え中」

昭和のヤクザ映画に出てくるチンピラではない。カルロス・ゴーン弁護団の一人、弘中惇一郎弁護士の言葉である。

「知恵を絞り、罪証隠滅や逃亡はありえない」——こう断言してゴーンを保釈させながら、あっさり国外逃亡された弁護士だ。

同じく弁護団の一人、高野隆弁護士とともに、ゴーンが国外逃亡してからも彼らはゴーンを擁護する発言を繰り返した。とても法曹人とは思えない人物だ。

弁護士とは、基本的人権を擁護し、社会正義を実現することが使命である。そして、社会正義の実現に欠かせないのが社会秩序の維持だ。**そのためには、法曹人として法の遵守と尊重を徹底しなくてはならない。**

ゴーンが起訴されている事件と、不法な手段を用いての国外逃亡は別の問題である。明らかな違法行為に対して弁護士が毅然とした態度を求められるのは当然だろう。

冒頭の言葉は、2020年1月29日の東京地検特捜部による事務所への家宅捜索を受け、弘中弁護士が記者団に語ったものである。家宅捜索は1月8日に続いて2度目だ。最初の家宅捜索は、弘中弁護士がまだ受任中のときであった（その後、1月16日に辞任）。

家宅捜索において弘中弁護士が押収拒絶権を行使、証拠品の提出を拒むことは理解できる。

押収拒絶権は弁護士に限らず、医師や看護師、公証人、宗教者など、その職務上他人の秘密を扱う職業に認められた権利である。

だが、2度目の家宅捜索については既に起訴されている事件だけではなく、密出国についての捜査が主であると見るべきだろう。

事実、犯人隠避の罪で逮捕状が出された**ピーター・テイラー容疑者とゴーンが、弘中弁**

護士の事務所で4回も面会していたと判明している。

それに、弘中弁護士はこのときゴーンの弁護を辞任しているのだ。公判を受ける権利を投げ出し、不法な手段で逃げ出した依頼人をここまで庇うのは理解できない。

ヤクザ御用達の弁護士が使う保釈申請を通すための奥の手

「ワシら弁護士には押収拒絶権ちゅう便利なもんがあるんや」

大阪のA弁護士がいつも口にしていた言葉を私は思い出した。彼は関西の暴力団やクスリ屋（違法薬物業者）に人気のある特殊な弁護士だった。

24時間年中無休で逮捕された依頼者の元に駆けつける。現行犯逮捕や緊急逮捕され、家宅捜索を受ける前に証拠品を隠したい被疑者からは救世主と呼ばれていた。

A弁護士は逮捕された被疑者に対して、**まず隠したいものと関係者への伝言の有無を聞く。**もちろん、証拠隠滅と口裏合わせのためである。

A弁護士は拳銃でも覚醒剤でも、被疑者の求めに応じて何でも隠した。いくら弁護士とはいえ、これは違法な行為だ。

だが、彼は依頼者の要求には可能な限り応えた。そのため弁護料は高額だ。法廷にお ける彼の評価は低かったが、その利便性から人気があったのである。

弁護士としての力量が低いA弁護士は、弘中弁護士のように依頼人を保釈させることも苦手である。そこで登場するのがB弁護士だ。

B弁護士は検察官から裁判官へ転じ、退官後に弁護士となったベテランだ。**彼は保釈許可を取るのが得意という理由で、これも暴力団から人気があった。**

B弁護士は、保釈を許可させるためには土下座までするという。検察官や裁判官も、大先輩の高齢なB弁護士に、そこまでされたら嫌とは言えない。

そんなわけで、一時期、関西の暴力団にAとB両弁護士をセットで雇うのがはやったことがある。

やがて、B弁護士は高齢のために引退した。A弁護士はあろうことか被疑者から預かった覚醒剤に手を出し、奇行が増えて使いものにならなくなったと聞いた。

第5章

猫組長の華麗なる生活

東日本大震災から10年がたつ。

地震発生直後から山口組の動きは速かった。「復興資材のベニヤ板が不足する」と睨んだ組員たちは、即座にその確保へ動きだしたのである。まだ組織にいた私も数人の若い者をすぐにマレーシアへ向かわせた。

先手必勝、「復興需要で一儲けできる」と意気込んだが、現地からの報告を受けて唖然とする。どこのベニヤ板工場に行っても、すでに中国系マフィアにラインごと押さえられていたり、ほかの日本のヤクザや韓国企業にことごとく先回りされていたのだ。裏社会の行動の速さにはつくづく驚かされた。かといって、そのころの私には「半分よこせ」と奪い取る実力もなかった。焦った私は、危険を承知で急遽ボルネオを次の目的地にしたのである。ベニヤ板工場に供給される原材料の木材を買い占めるためだ。

現地入りさせた若い者には、闇（ブラックマーケット）で両替させた米ドルとマレーシアの通貨であるリンギットを豊富に持たせてあった。

「部族長と地主に交渉して、山ごと木を買え」とハッパをかけた。そこは毒蛇や猛獣もいる鬱蒼とした密林である。案内人はいたが、いきなりキャッシュを持って「山を売れ」と迫るわけで、先方にとっては怪しさ満点だろう。当然、交渉はスムーズではなかったものの、キャッシュの威力は絶大である。かなりの木材を買い付けるとすぐに伐採を開始し、クチンというベニヤ工場が集まる街まで運んだ。

そして突貫作業で大量のベニヤ板を量産させたのだが、ここで問題が発生した。JAS（日本農林規格）に適合していなくては日本で販売することができないのだ。もちろん、JASの規格に適合した製品だったが、その認証を受けている時間はなかった。そこでJASの規格を証明するスタンプを作り、それをペタペタとベニヤ板に押すことで問題は解決した。

こうして、大量に生産された自主規格のベニア板は無事に日本へ届けられ、東日本大震災の復興に寄与した（はず）のである。

組を抜けてから私は復興事業のために月に一回のペースで福島を訪れている。昨年は新型コロナの影響で足が遠のいてしまったが、福島の地に立つと必ず犠牲者に黙禱を捧げるとともに、死について考える。人は生まれた瞬間から、死へ向かって生きている。だから、死は人間にとって最も大切な最終目的地なのだ。そして、死があるからこそ生が輝くのである。

コロナによって、多くの人が「人間はいつか必ず死ぬ」ということを改めて思い出しただろう。本来なら、一秒でも忘れてはならないことだ。私は投資を生業としているが、死後の世界にお金を持っていこうなんて考えたことはないし、現世でも金持ちになりたいとは思っていない。投資家を続けているのは、ソクラテスの言う〝よく生きる〟を実践するためだ。

メディアに登場し、国際金融の舞台裏で暗躍した昔話などを披露したせいで、私のことを贅沢三昧の大金持ちだと勘違いしている人も多いようだ。この場ではっきりと否定しておきたいと思う。

私の生活は極めて質素なものである。「この猫野郎、ウソばっかり抜かしやがって。どうせ税務署対策だろう」などと言われそうだが、そんなことはない。もちろんそれなりの資産は築いてきたが、カネの使い方はとても堅実だと自負している。

しかも、もともとがインドア派体質で、コロナ禍で自宅にこもる生活は苦でも何でもない。たまに愛車のドゥカティを駆って遠出をしたり、仲間と外食を楽しんだりする以外は基本的にステイホームだ。一日中読書をしたり、ネットフリックスで映画を観たりしていれば十分に幸せな気分になれるのである。

もちろんその合間に株式市場をチェックし、今後の戦略を練ったりもする。腹が減ればキッチンに立ち、料理を楽しむ。じっくりと食事を味わったら、コーヒーを飲みながら一日10本程度と決めているタバコをゆったりとくゆらせる。最高のひとときだ。そして週に一度は原稿書き。集中してガッとやると達成感があり、気持ちがいい。早めに寝て、早めに起きる。その繰り返し。外で派手に札びらを切ることに喜びを感じる人もいるだろうが、私の場合、孤独な時間を満喫することこそが最高の贅沢なのだ。それは価値観の違いであり、お金と時間に対する考え方の違いだろうと思うのだ。

コロナ下の日々をマイナスに考えている人は多いと思うが、私は逆だ。コロナを経験したからこそ見えてきたものがある。人生においてカネ以上に大切で貴重なものがある。それは時間だ。これを真に体感できたと思えたことが私にとっては一番大きな収穫である。

次にカネに対する考え方も、コロナ前より深まった気がする。カネそのものは所詮、紙切れにすぎない。電子マネーの場合も同じだ。それは単なる数字にすぎないのだ。だからいくら金持ちになったところで、人生が豊かになるような使い方をしないと何の意味もない。高級なブランド品をたくさん買うことで、心が満たされるのは一時的なものだ。

コロナによって人びとの生活が大きく制限されたことで、「経験」することの価値が跳ね上がった。少なくとも私の中ではそうだ。逆にカネでモノを買うことや、何かを所有することの価値は大きく低下した。経験する価値とはつまり、限られた時間をいかに有意義なものにできるかということである。

私は投資全般を否定しないが、カネ欲しさに安易に投資を始めようと思うならやめるべきだと忠告したい。たまたま一発当たり、大金を得たとしても長続きはしないだろう。豊かな人生を送りたければ、まずは自分に投資することだ。自分こそ最もリターンを期待できる投資対象なのである。

第5章では、私自身のライフスタイルや趣味、金銭哲学、人生観などを少しだけ語ってみた。これらの小文が読者の皆さんにとってカネや時間、そして経験することの価値などについて考えるきっかけとなればと願いつつ。

自粛生活に彩りを。猫組長流バナナブレッドの秘伝レシピ

（『週刊SPA！』2020年5月19日号）

2020年、ゴールデンウィークが終わる5月6日までの予定だった緊急事態宣言が、5月末まで延長となった。

自粛生活で日課となっている夜のランニングも継続ということだ。普段は夜でも賑やかな恵比寿～代官山近辺が、緊急事態宣言下ではまるでゴーストタウンのようである。

自宅で過ごす時間が増えたので、ケーキ作りでもしてみることにした。すると、皆考えることは同じだった。**スーパーで小麦粉やバ**

ターが品薄状態なのだ。

キッチン用品を扱う店では、シフォンケーキの型が軒並み売り切れである。スーパーを3店ほど回り、ようやく小麦粉を手に入れたのでバナナブレッドを焼くことにした。

以前からヒルトン東京のバナナブレッドが好きなのだが、もう少ししっとりと焼き上げたいと思う。そこで、まずレシピの見直しから始めた。しっとり感を高めるには、バナナとバターの量が重要である。だが、どちらも入れすぎると重たくなってしまう。

試行錯誤の末、簡単でおいしく、そして誰にでも再現可能なバナナブレッドのレシピが完成した。

薄力粉120g
無塩バター100g
砂糖100g
卵Mサイズ1個
ベーキングパウダー2g
バナナ300g（中サイズ3本）
生クリームか牛乳少々

バナナは熟してシュガースポット（黒い点々）**が全体に現れたものを用意**し、ボウルに入れてマッシャーやスプーンで潰しておく。

常温で柔らかくしておいたバターに砂糖を入れ、泡だて器で白いクリーム状になるまで混ぜる。**必ず常温で完全に柔らかくするのがポイントだ。**

バターと砂糖が白いクリーム状になったら、溶いた卵を加えて再び混ぜる。そろそろ、オーブンを180℃に予熱で温めておく。

小麦粉とベーキングパウダーをふるいにかけて投入し、ゴムベラでしっかりと混ぜ合わせる。

中国が感染拡大の発表を遅らせた悪質な動機とは？

この分量で17㎝パウンドケーキ型1台分だ。後は、型にケーキ用グラシン紙を敷き、タネを流し入れ、180℃のオーブンで約35分から40分焼けば完成である。焼き上がる前に上部が焦げそうな場合は、アルミホイルを被せれば大丈夫だ。

バナナの甘い香りが部屋中に漂う、しっとりとしたバナナブレッドの完成である。焼きたてもおいしいが、翌日になるとしっとり感が増していい感じだ。

料理やお菓子作りは、想像力と分析力を養うのに効果的である。

自粛生活で余った時間にぜひチャレンジしてもらいたい。

緊急事態宣言を受けて学校も休みとなり、家で子供とお菓子作りをするという方も多いだろう。小麦粉が品薄になるのも致し方ないと思っていた。

ところが、メルカリなどのフリマアプリでは、**小麦粉が2〜3倍の価格で転売されている。**

小麦粉など1kgせいぜい300円ほどのものだ。いくらの儲けになるというのだろう。マスクのときもそうだが、生活に欠かせない商品を小銭目当てに買い占めるなど、情けない話である。小麦粉やバター程度なら、まだ笑い話で済ませられるが、人の命に関わる医療物資だとそうはいかない。

DHS（米国土安全保障省）は、新型コロナウイルスの発生当初、**中国政府が感染拡大による医療物資の不足を予測、買い占めるために発表を遅らせたと報告**した。事実、その後の感染拡大で医療物資は世界中で不足する事態となった。

感染拡大を予測して医療物資の調達を進めた**中国は、今や世界の救世主のごとく振舞っている。**DHSの分析が正確なものなら、これこそ本末転倒の話だ。

皆さんも暗い話は少し忘れて、お菓子作りでも楽しんだらいかがだろうか。

ヤンキースのマー君を救った幹細胞手術の驚異的な効果

（『週刊SPA！』2020年6月9・16日号）

「なんか元気が出てきましたわ」

栄養ドリンクの安っぽいＣＭみたいに拳を振り上げながら、ハシモトが言った。

「それは気のせいです」

ドクターは無表情で答えた。それはそうだ、再生医療を受けるために血液と皮下脂肪の採取をしただけなのだから。

フィリピン・マニラにある再生医療専門のクリニック。今から5年前、２０１５年の物語である。

この年の前年、**ＮＹヤンキースの田中将大が右肘靭帯の部分断裂でＰＲＰ療法を受ける、というニュースが話題になっていた。**

ハシモトは14年前の交通事故が原因で膝関節を痛めていた。そして、50代半ばになり慢性的な膝痛に悩まされるようになる。

そこで、ヤンキースの田中将大と同じ、ＰＲＰ療法を受けることにしたのだった。

ＰＲＰ（Ｐｌａｔｅｌｅｔ Ｒｉｃｈ Ｐｌａｓｍａ）は、**自分の血液から多血小板血漿を分離・濃縮して患部に注射するという再生医療の一種である。**

血小板は出血を止めるだけでなく、傷ついた組織を修復する働きがあるのだ。損傷した部位に多血小板血漿を注入することで組織の再生・修復を促進する。

14年7月、右肘靭帯の部分断裂と診断された田中将大は、メスを使う手術よりＰＲＰ療法を選んだ。メジャーリーグではメスを使うトミー・ジョン手術が主流であったが、それだと復帰までに1年以上を要する。

そして、**田中将大はＰＲＰ施術からわずか2か月半で復帰、その後も6年連続2桁勝利という実績を挙げた。**

このころから、私の周りでも再生医療を受ける者が少しずつ現れていた。

マニラで見た医療設備は想像以上に先進的だった

再生医療の中でもっとも話題になったのが「**幹細胞治療**」である。当時はその名前を聞いても思い浮かぶのはｉＰＳ細胞くらいで、正直よくわからなかった。

そもそも、ｉＰＳ細胞や幹細胞と言っても、私の人生には無縁のものと思っていた。幹細胞治療で代表的なのが骨髄移植である。もし、白血病になったら幹細胞治療という選択肢がある、というくらいの認識だった。

ところが、15年になると幹細胞治療が身近な存在になる。持病を持つ同世代と、アンチエイジングに熱心な小金持ちが幹細胞治療に群がり始めたからだ。

規制の問題なのかコストの問題なのかはよくわからないが、やがてフィリピン・マニラで幹細胞治療を受ける者が急増した。

3回の渡航が必要で、その費用は2000万円というものである。治療を受けた者は皆、口を揃えてその費用対効果を絶賛した。

確かに、外見が若返っていたのは間違いない。持病を抱えていた者も概ね症状が改善したようだ。こうした事例を間近で目にしたハシモトも、ついに幹細胞治療とＰＲＰ療法を決意したのである。

興味本位でマニラのクリニックへ同行した私だったが、まだ民間の幹細胞治療には懐疑的だった。

だが、マニラのクリニックは予想と違い、**最新の医療機器を備えた近代的な施設である。**担当医は米国人男性で、通訳も日本人の美容外科医だった。

まずは、血小板を分離するための血液と、培養に必要な幹細胞採取からだ。この作業は粛々と行われ、およそ10分ほどで終了する。そこからは幹細胞の培養を待って1か月後から本格的な治療が始まる、という流れになる。

医療に限らず、革新的なテクノロジーの実用化初期に、ネックとなるのがコストの高さだ。

5年の歳月で幹細胞治療の技術と周辺環境は急激に進化した。**同じレベルかそれ以上の治療で、費用は半分といったところだ。**

私も先日から幹細胞治療を受け始めた。次週は、その後のハシモトと併せて経過を報告しよう。

50代半ばで第二の人生が開幕。幹細胞治療を受けた男の物語

（『週刊SPA！』2020年6月23日号）

長

生きをしたいとは思わない。かといって、早く死にたいわけでもない。元気なうちに死にたいのだ。

いつもどおり眠りについて、翌朝目が覚めない、というのが理想的である。友人たちと夕食を楽しみ、おやすみの挨拶が最後の言葉だと最高だ。

死とは人間にとって最も普遍的なものである。人間に限らず、命あるものに死は必ず訪れる。

死があるから、その対極にある生は美しく

貴いのだ。だからこそ、元気な体で最期を迎えたい。

だが、寿命は全うすべきである。だから、私は万全の態勢で来るべき時を迎えられるよう、努力しているつもりだ。

それでも、世の中には生に執着する人たちが多い。他人の死と引き換えに生を手に入れる者さえいる。**金銭を介した不法な臓器移植や、生きた胎児を求める者までいるくらいだ。**

人間は生まれた瞬間から死に向かっている。成長期を過ぎて成熟を迎えれば、あとは老化を経て死ぬだけだ。

私は、肉体的な老化より精神的な老化に恐怖を感じる。各界で活躍した著名人が高齢となり、老醜を晒す姿を見るたびに、こうはなりたくないと思うのだ。

最近では、過去の栄光が忘れられない政治家や芸能人に多く見られる。彼らの発言や行動は異常なほどエキセントリックである。老化による認知機能の低下で、感情のコントロールができていないのだろう。

政権批判も情緒的で、ただキレているだけの様子は、喜劇を通り越してもはや悲劇である。

老兵は死なず、ただ消えゆくのみである。老いを自覚したら、目立たず静かに暮らしたいものだ。

ハシモトの朝を激変させた幹細胞治療の劇的な効果

さて、前回のネコノミクス宣言で書いたハシモトの後日談である。

5年前、フィリピン・マニラで幹細胞治療を受けたハシモト。その効果は1か月もたたないうちに表れた。

2週間が過ぎたころ、急に視界が明るくなり、モノがよく見えるようになったという。

ひと月もすると、事故で痛めていた膝が回復し、楽に歩けるようになったようだ。

そして何より、ハシモトを喜ばせたのが下半身の復活である。

「高校生に戻ったみたいや」

ハシモトは50代半ばにして再び性に目覚めたようだった。その後しばらくは朝立ちするたびに電話で起こされる日が続いたのである。

男性の老化は、目・歯・マラから始まるという。ハシモトは幹細胞治療によって、低下した男性機能を取り戻したのだった。

幹細胞は臓器や皮膚組織などの基となる細胞である。細胞分裂による自己複製を繰り返し、あらゆる細胞に分化できる多分化能を持つ。幹細胞治療はこの性質を利用して、怪我や老化で弱った組織を修復させるというものだ。

幹細胞治療を受けてからのハシモトは、みるみるうちに変化していった。**外見の変化もそうだが、行動が活発になったのである。**

その様子は、活動的というより多動的といってよかった。次から次へと新しいことを始めるのだ。

ハシモトは前妻と離婚して間がなかったのだが、ほどなく25歳年下の女と結婚した。次に兵庫県北部に広い土地を買い、家を建てて田畑の整備を始めた。そして、大きな窯を作り陶芸を始めたり鶏を飼ったりと、もう何を目指しているのかわからない。まるで意識の高い経営者が引退後に自分探しの旅に出て、道に迷ったまま放浪しながら路上で歌ったり絵を売ったりしているようなものだ。

ハシモトはその後、2人の子供ができて幸せに暮らしている。今は絵画と乗馬に凝っているらしい。**幹細胞治療はハシモトに第二の人生をもたらしたのである。**

私の体から採取された幹細胞も順調に育ち、間もなく1億倍に増えるらしい。

相当なマニア。昭和レトロな銭湯に恋い焦がれる理由とは

（『週刊ＳＰＡ！』２０２０年10月６日号）

銭湯が好きだ。マニアと言っても過言ではない。公衆浴場という感じのレトロな銭湯が好きなのだ。

スーパー銭湯や健康ランドという、近代的な巨大施設はよろしくない。湯と書かれた暖簾をくぐれば、番台に爺さんが座っているような銭湯が理想だ。

浴場の壁に富士山の絵が描かれていたら最高である。そこにケロリンの黄色い桶があれば言うことなしだ。

脱衣所には大きなアナログの体重計、ロッ

カーの鍵に白いゴム紐がついていればなお良い。

現在の都心部で、こういうトラディショナルな銭湯を見つけるのはなかなか難しい。代官山に住み始めて3年。近辺はもちろん、渋谷から目黒、時には世田谷まで銭湯を探し回っている。**銭湯の探索は主に夜だ。**蒸し暑い真夏の夜も、凍るような真冬の夜でも、時間さえあれば自転車を漕いで銭湯へ行く。

暑い日に調子に乗って遠くまで出かけ、銭湯へ入ったものの帰路で汗だくになり、自宅に着いて再びシャワーを浴びることもある。

ネット上にも銭湯の情報は数多くあるのだが、自分の目で見つけたいのだ。**自転車で銭湯を探していると、普段は車で眺める街並みも違う景色に映る。新しい発見も多い。**

銭湯を探している途中、パトカーや消防車がサイレンを鳴らしながら走っていると、ついい追いかけてしまう。その先に事件や事故があると思い、血が騒ぐのだ。**特にパトカーや警察官を見ると心がときめく。職務質問されないかとドキドキするからだ。**

交番があると、その前を何度も通ってみたりもする。職務質問を受けてみたいのだ。自転車の前カゴにはお風呂セットのバッグが入っているだけ。銭湯に向かう善良な都民でしかない。職務質問された際の受け答えも絶えず想定している。

職務質問をする警察官は、来てほしいときにはこない

もし警察官に呼び止められたら、「私はただ銭湯へ行きたいだけですが何か？」みたいなやりとりがしたい。だが、彼らはこちらが望むときに関わってくることがない。会いたくないときに限って会いにくるのである。

20年ほど前、初めて職務質問を受けたことがある。当時、アメリカ大使館の近くに住んでいた。この辺りは六本木でも静かで落ち着いた場所である。警察による警備も厳重で治安も申し分ない。

ある夜のこと。友人らと飲んだ後、歩いて家路を急いでいた。小便がしたかったので早歩きだ。すると突然、**制服の警官2人が近づいてきた。**

「こんばんは、ちょっとよろしいですか？」

初めての職務質問である。

「急いでますので、失礼」

私は手を振ってそのまま歩き続けた。小便が漏れそうなのだ。平静なときであれば、

ゆっくり職務質問を楽しみたかったが残念だ。

制服警官の2人は少し名残惜しそうな顔で私を見送った。職務質問とはこんなものである。〝警察24時〟のように粘着する職務質問などテレビ用なのだ。

警察官が任意の職務質問で人の行く手を遮ったり、しつこく付きまとうなど、よほどの理由がない限りできないのである。

あれから20年、今では職務質問を待ち望んでいるのだが、なかなか機会に恵まれない。

職務質問されやすそうなファッションも研究した。帽子にサングラス、大きめのマスクにリュックサックというものだ。

リュックサックの中には、もちろんお風呂セットが入っている。**いかにも怪しい格好だ。**

私が警察官ならぜひとも職務質問したい。

そして、この格好で自転車に乗り気づいたことがある。夜にサングラスをかけると目がよく見えないという事実だ。これでは、職務質問に遭うより交通事故に遭いそうである。

突然起きたドゥカティへの衝動。猫組長の大型二輪免許挑戦記

（『週刊SPA！』2020年11月24・12月1日号）

大型二輪免許をついに取得した。56年生きてきてバイクなど跨ったこともない。まさか、この年になってバイクに乗りたくなるとは思ってもいなかった。

若いころ、私の周りにも16歳になると中型自動二輪（現在は普通二輪）を取得する者が多かった。バイク事故で命を落とした友人もいる。**私にとってバイクとは〝危険でリスクの高い乗り物〟というイメージであった。**

私が16歳のとき、1980年は暴走族の最

盛期である。奇妙なファッションで群れをなし、爆音を響かせながら走る姿は異様を通り越して滑稽だった。

とにかくカッコ悪いのだ。**この暴走族の存在こそ、私をバイクから遠ざけた原因かもしれない。**

まあ、暴走族には入らなかったが、暴力団に入ったことは反省すべき点ではある。

もちろん、カッコいいライダーも周りには存在した。中学生のときだ。近所に住むパン屋のお兄さんは当時30歳くらいだった。

英国製のトライアンフという大きなバイクに乗っていた。真冬でも革ジャンに革手袋で颯爽とバイクに跨る姿はカッコ良かった。

やはり、バイクはウェアとのコーディネートで完成するファッションなのである。暴走族が変な刺繍の特攻服で、変なバイクに乗るのは理にかなっているのかもしれない。

そんな私が大型二輪免許を取ろうと思ったのは4か月ほど前だ。

川越に住む友人の家を訪ねたときのことである。ガレージに黒色の大きなバイクが置いてあった。**イタリア製のドゥカティ・ディアベルというバイクである。**

その友人がドゥカティに跨る姿が何ともさまになっていた。友人が経営する会社の従業員も、彼に影響を受けて免許を取りドゥカティに乗っている。

自動二輪の免許取得対策はユーチューブで楽々と攻略

数日後、私の自宅にドゥカティのヘルメットが届いた。その友人からだ。これはもう大型二輪免許を取りにいくしかない。

私は目黒にある、日の丸自動車学校へ通うことにした。まずは普通二輪（中型）からだ。しかし、全国的に自動二輪の受講者が多く、なかなか教習の予約が取れない。その時間を利用して、自動二輪教習について徹底的に調べた。

その際に役に立ったのがユーチューブである。パンの焼き方から自動二輪の教習までユーチューブで勉強できるとは、便利な時代になったものだ。

数ある動画の中で私が参考にしたのは、女性が自動二輪の教習を受ける動画だ。**特に小柄で非力な女性が、教習課程を克服する様子は参考になった。**

倒れたバイクの起こし方から、検定に合格するまでのコツと、教習の流れを勉強した。公安委員会から指定を受けた教習所では、卒業検定に合格すれば免許取得となる。そこで、卒業検定の分析と、受かるための作戦も立てた。

卒業検定は持ち点１００点からの減点方式で70点以上が合格だ。**つまり30点までは苦手**

な課題に消費してもよいことになる。

日の丸自動車学校では、直近の検定合格率（自動二輪）が83%であった。ならば、残り17%の失敗を分析して対処すればよい。

この17%の大部分が、4つの課題に失敗することで起きていた。特に時間制限のある一本橋やスラローム走行、指定速度と制動距離を測る急制動、一時停止無視などの危険運転である。

私が立てた作戦は、時間制限のある課題に減点を割り振り、無理をしないで70点を狙う方法だ。何も高得点を目指す必要はない。90点でも70点でも同じ合格なのだから、**意識すべきは70点のライン**だ。

こうして、普通二輪も大型二輪も規定時間を超えることなく、卒業検定も1回で合格することができたのである。

ハーレーまで電動バイクを発売。加速する世界のEV事情

（『週刊SPA!』2020年12月22日号）

「DUCATIはドゥカーティが正しい発音だよ」

ガソリンスタンドで給油中にイタリア人が教えてくれた。彼もまた赤いフェラーリに給油中だった。

ドゥカーティ一族がイタリアの名門であることや、電気通信事業からオートバイメーカーとなるまでの歴史を滔々と語った。

イタリア人らしい馴れ馴れしさでウザかったのだが、日伊友好のために我慢した。

芸術と呼べるほど洗練されたデザインの

ドゥカーティは、いかにもイタリアンバイクという趣だ。

その対極にある無骨なアメリカンバイクがハーレーだろう。**私にはハーレーの良さがまったく理解できない。**脚の短い人用に造られた大型バイクだと思っている。

そのハーレーダビッドソン社から電動バイクが発売される。ボコボコというエンジン音と重量感を売りにしているハーレーがモーターで走る電動バイクとは、どうも想像し難い。

経済産業省は2030年代半ばに、新車販売のすべてを電気自動車（EV）にする方向で国内の自動車メーカーらと調整を進めている。**事実上のガソリン車廃止だ。**

温室効果ガス削減に向けた自動車のEV化は世界の潮流である。ガソリンで動くバイクもいずれEV化されていくのだろう。

ポルシェやBMW、メルセデスもすでにEVモデルを市販している。**フェラーリは25年に初のEVモデルを発売予定だ。**

精密なメカニカルとその排気音が魅力のスーパーカーが、実物大のラジコン模型みたいになると思うとなんだか寂しい。

まるでロレックスの時計がアナログからデジタルに変わるような感覚である。

電気自動車やテレビ電話、宇宙旅行は、私たちが子供時代に見たSF世界のモノだ。それが今、当たり前のモノになろうとしている。

アメリカ、中国の政策が自動車のEV化を推進した

EVはこれまでに3度のブームと転換期があった。**最初の転機は1970年代初頭の第一次オイルショックである。**

オイルショックの数年前、米国では深刻な大気汚染から環境を改善させるため、大気浄化法改正案（排ガス規制）が成立していた。これも転機の一因である。

そして第二次EVブームが90年代にやってくる。米国発のZEV（ゼロエミッション）規制でそのブームは訪れた。

ZEV規制により、自動車メーカーは販売台数の一定割合をEVにする義務を課されたのである。

決定的な転機は2008年のリーマンショックだ。ビッグスリーと呼ばれる米自動車メーカーであるGMとクライスラーが経営破綻するなど、その影響は深刻だった。この経済危機を乗り切るためにオバマ政権（当時）が打ち出したのがグリーンニューディール政策である。**地球温暖化や大気汚染に対する環境関連事業に投資を促進し、景気回復を目指すというものだ。**

GM、クライスラー、フォードのビッグスリー、もちろんテスラもグリーンニューディールを契機にEV開発を加速させた。日本の自動車メーカーでは日産自動車がこれに追随した。

トヨタ自動車はこのEV開発競争で出遅れてしまった。EVではなく、FCV（燃料電池車）が主流になると読み違えたからである。

出遅れたところに巨大市場である中国のNEV（新エネルギー車）規制がとどめを刺した。

NEV規制でFCVは中国市場に参入できないからだ。

そもそも、水素をエネルギー源とするFCVはEVに太刀打ちできない。だが、FCVに巨額な投資と研究資源を注ぎ込んだトヨタは、今さら後戻りできないのである。トヨタは巨大な恐竜と同じだ。急激な環境の変化に対応できず凋落していくだろう。

EV時代が本格的に始まったのだ。子供のころの未来に私たちは追いついたのだろう。

西原理恵子　描きおろしカラー漫画

「猫組長のなかみ」

朝は手作りの
新鮮サラダと
ミネラルウォーター
いやバンコクで入れられとった時に水道水こげ茶色でそれ飲んでる囚人がばんばん死んでもうてね
ああ水と野菜はちゃんととっとかんといかんなってホンマ
スイーツとお買い物が大好き♥
こないだ米兵がM16
200万で売ってて
お得だったわよ♥
でももっと好きなのは

チャリで銭湯
どいてやー ひくでー
おフロセット↓
ちりーん ちりーん
RRR
神戸でヒットマン動画なうや
これみんなに送ったろ
県警からの動画です
これも送ったろ
テレビの歌舞伎町24時間が大好きで
本人がいつも24時間放映中
ぱぱぱーん
心の中に女子高生がいてよくキレてますが
吉祥寺めっちゃ遠いーっ もう来なーい
おハイソ街住み
埼玉ってナニ DUCATIーのオーナーがアメリカ人やん インチキー
お正月はお手製ぽち袋で
はい どーぞ
これどーぞ
会った人みんなにお金をくばります
チェコプラハで

兄さん私が欲しいだろ
いっいりません
生活が苦しいんだよっ
じゃあ1000円あげるっ
子供が三人いるんだよ
じ、じ、実は男が好きなのごめんなさいっ
男?
待ちなうちのとこ呼ぶから
RRRR
今から電車に乗って二時間で来るから
コラー
海外ではぼったくられっぱなしです
長生きですか?

あんまり想像つかないですけど
年をとったら
海辺で静かにくらしたいですね

あとがき

ネコノミクス宣言は5年間の連載と3冊の単行本で幕を下ろすことにした。物事には始まりがあれば終わりがある。人間の一生も同じだ。

人間にとって大切なものとは何だろうか。お金と答える人もいるだろうし、水や食料と答える人もいる。家族や友人と答える人もいるだろう。確かに、人間が生きていくうえでそのどれもが大切だ。

だが、本当に大切なのは、知識と教養である。2000年もの間、迫害の対象として流浪の民であったユダヤ人は、決して奪われることのない「知識」を子供に与えてきた。知識さえあれば、食料を得ることもお金を得ることもできるからだ。

教養とは人間だけが持ちうる崇高な能力である。そしてその基礎となるのが知識だ。知識と教養の両方を身につけることで、人間は高度な文明社会を築き上げてきたのである。

人類の発明で最も偉大なものは言葉と文字である。コミュニケーションと記録・

伝承のツールを得たからこそ、人類は文明を発展させ繁栄してきたのだ。しかし、知識と教養はそれを悪用する者が現れると脅威となる。宗教と戦争がその代表だ。

江戸時代、日本を訪れた外国人は、上流階級から庶民に至るまで読み書きができる事実に驚嘆した。そして辻々で本を読む町人の姿を見て、日本を植民地支配することは不可能であると判断したのだ。そのうえ、日本人の旺盛な知識欲と高い精神性は、いずれ脅威になるとさえ予測していた。

知の探究は人間の欲求であり愉しみでもある。読書はそれを満たす最も普遍的な方法である。読書の意義は知識の吸収だけではない。人は読書によって論理的な思考を獲得し想像力を鍛えることができるのだ。

ネコノミクス宣言は、私の経験と知識、西原理恵子さんの想像力で完成した本である。この一冊を読むことで、私の人生の一部を共有していただけるのなら、まさに著者冥利に尽きるというものだ。

最後に、5年間もネコノミクス宣言にイラストを提供してくれた西原理恵子さん、SPA!編集部、そして何より読者の皆さんへ心から感謝の意を表する。

令和3年3月某日　　猫組長

編集　浜田盛太郎
　　　村田孔明
装丁・デザイン　生田 敦

猫組長と西原理恵子の
ネコノミクス宣言
コロナ後の幸福論

発行日　2021年4月23日　初版第1刷発行

著　者　**猫組長　西原理恵子**

発行者　久保田榮一

発行所　株式会社 扶桑社

〒105-8070

東京都港区芝浦1-1-1　浜松町ビルディング

電話　03-6368-8875（編集）

03-6368-8891（郵便室）

www.fusosha.co.jp

印刷・製本　大日本印刷株式会社

ISBN978-4-594-08769-2